マンガでわかる！
ビジネスの教科書

プロ直伝！

# 成功する

# 管理会計

## の基本

小川正樹 著

ウエイド マンガ

ナツメ社

# 管理会計を活用して
# 正しい意思決定を実施！

　会社の業績は、経営環境の変化にどのように対応するかという「意思決定」によって決まります。正しい意思決定をすばやく実施するには、原価計算（原価情報）と管理会計が欠かせません。原価計算については、2020年にナツメ社から「プロ直伝！　必ずわかる原価計算のしくみと実務」を出版しましたので、その続編として管理会計に関する本書を執筆することにしました。

　本書では、原価の分類や原価計算を理解するためのポイント、失敗しない意思決定の原則、コスト管理ツールや意思決定ツール、意思決定に役立つ管理会計の活用法などを、図表を使ってわかりやすく解説しています。

●第1章と第2章で管理会計に必要な**原価の分け方・使い方と意思決定の基礎**について説明します。

●第3章では、管理会計として最初に実践する**損益分岐点分析**と**優劣分岐点分析**などについて解説します。

●第4章では、**失敗しないための意思決定の原則**や**意思決定の判断基準**などについて説明します。

●第5章では、在庫とものづくりに関する意思決定として**在庫の持ち方、利益が最大になる計画の作り方**などについて解説します。

●第6章では、**利率の計算と設備投資の種類ごとの意思決定**について解説します。

●第7章では、**売上・製造・在庫予算の編成と予算の管理方法**、第8章では**技術部門と製造部門の原価管理ツールと管理方法**、第9章では**オフィス部門の原価計算と原価管理ツール**などについて解説します。

●第3章から第9章は、私のコンサルティング活動の実務で管理会計を活用して収益を向上した会社の事例も含めて解説しています。

　本書を活用することで、会社経営者、マネジメントに携わる方々が経営環境の変化という荒波を乗り切って頂ければ幸いです。

小川正樹

●もくじ

# 損益分岐点分析と
# 優劣分岐点分析から始めよう

**6章**

# 設備投資の意思決定

# 7章

# 予算管理と管理会計

# 8章

# 原価管理と管理会計

## 9章

# オフィスの働き方改革と 管理会計

マンガ・イラスト●株式会社ウエイド／西原 宏史

編集協力●knowm

編集担当●山路 和彦（ナツメ出版企画株式会社）

# 第1章

# 管理会計って何?

ME社では、経営トップから管理会計を導入したいとの話が経営企画部にあった。そこで、専門のコンサルタントに支援を願い、社内に導入プロジェクトチームを発足した。

会議室

おはようございます!経営企画部の竜清です。

メンバーは経営企画部内の竜さん(リーダー)と龍岡さん(事務局メンバー)と各部門長である。

これから管理会計導入プロジェクトのキックオフミーティングをはじめます。

今回、弊社では管理会計を導入することにしました。

このプロジェクトを成功させるためにコンサルタントの小川実桜先生に支援をお願いします。

フム

最初に、社長から一言お願いいたします。

先生、よろしくお願いいたします。

今日から管理会計の導入をサポートする小川実桜です。

会社で必要なお金の計算には、経理部門が行う財務会計と業績管理や意思決定に必要な管理会計があります。

管理会計導入プロジェクトの事務局メンバー、龍岡ふみです。

ガンバリましょー!

このプロジェクトの目的は、管理会計により数字を読んだマネジメントを実践することです。

入社1年目の新人です。よろしくお願いいたします。

# お金の計算には**財務会計**と**管理会計**の2つがある

●景気動向の変化が激しい社会環境での会社の舵取りには、管理会計を必携の道具として使いこなすことが大切。

## ❖財務会計とは

会社を経営するためには景気に関係なく、お金とのかかわり合いが欠かせません。それは、会社がお金を回転させながら儲け（利益）を追い求める活動を繰り返しているからです。

会社の活動が順調であったかどうかは、**決算書**という書類にまとめられ、関係する人に報告されます。決算書を作るためのお金の計算が「**財務会計（Financial accounting）**」です。これは、**株主や投資家、銀行などの金融機関、取引先企業や従業員などを含めた利害関係者に会社の経営状況を報告する目的で行います。**

> ### ミニ知識
> 多くの会社では、株主や投資家からの**出資**や銀行からの**借り入れ**でお金を調達し、それを元にものを製造したり、仕入れたりします。製造したものを販売して得たお金と製造や仕入れにかかったお金の差が**儲け**になります。

もし、決算書が会社独自の基準で作成されていたとしたら、決算書を見た人はどう判断したらよいかわからなくなります。そこで、決算書を作るには、一定のルールや方法が必要になります。その基本ルールとなっているのが企業会計原則です。**決算書の作成は、すべての会社が企業会**

♥ふみ

実桜先生、**企業会計原則**ってどんな原則なんですか？

ふみさん、いい質問ね。企業会計原則は、会社でお金の計算をする実務の中で**公正・妥当**と認められた習慣をまとめたものなの。

❀実桜

へぇー、具体的にどんな中身なんですか？

♥ふみ

一般原則、**損益計算書原則**、**貸借対照表原則**の3つで構成されているの。さらに、一般原則には7つの原則が設けられているのよ。

❉実桜

計原則にしたがって会計処理をすることが法律で定められています。

## ❖管理会計とは

　財務会計がルールで定められたお金の計算であるのに対し、「管理会計（Management accounting）」は基準になるルールや法律による実施の義務などはありません。あくまでも**社内での活用を目的としたお金の計算**です。経営者や管理者は、予算や原価を管理したり、意思決定を行ったりするために管理会計の情報を活用します。つまり、**管理会計は経営判断に役立つ情報を提供するためのお金の計算**です。

### 図表 ❶-❶ 財務会計と管理会計

| | 財務会計 | 管理会計 |
|---|---|---|
| 目　的 | 会社の経営状況報告 | 経営管理や意思決定 |
| 使う人 | 会社の利害関係者 | 経営者、管理者 |
| 内　容 | 会計制度に基づく情報 | 経営判断に役立つ情報 |

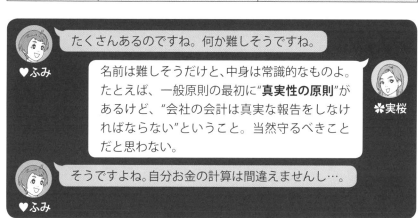

たくさんあるのですね。何か難しそうですね。

♥ふみ

名前は難しそうだけと、中身は常識的なものよ。たとえば、一般原則の最初に"**真実性の原則**"があるけど、"会社の会計は真実な報告をしなければならない"ということ。当然守るべきことだと思わない。

❉実桜

そうですよね。自分お金の計算は間違えませんし…。

♥ふみ

# 財務会計と管理会計の違いは何か

● 管理会計は、外部に提出する情報は少ないので、約束事やルールはなく社内で決めたシステムに基づいて自由に行うことができる。

## ❖財務会計は過去のお金を計算する

**決算書は一定期間（通常の場合１年）ごとの会社の姿を一定の様式で表します。** 主な決算書は三種類で、これらを**財務三表**と言います。

①貸借対照表：○月×日現在に会社が保有している財産および負債（他人から調達したお金）の一覧。
②損益計算書：○月×日までの１年間に会社が稼いだ利益の計算書。
③キャッシュフロー計算書：○月×日までの１年間に会社が稼いだお金（キャッシュ）の計算書。

**決算書で計算されるお金は、過去の取引に基づいて計算されます。** 計算方法は会計の原則・規則・法律によって決められたルールにしたがって、**確実な取引だけを対象**に取り上げます。

## ❖管理会計は現在から未来のお金を計算する

現在進めている販売活動、製造・仕入活動などを順調に進めるには日常の**管理**が欠かせません。管理には、**近い将来の予測と現在の実績を対象**にしたお金の計算（管理

### 用語
**管理サイクル**…管理の基本となる「**計画**（Plan）を立て、計画を**実施**（Do）し、実施結果を**分析、評価し是正**（See）する」活動のこと。

会計）が必要です。さらに時間を進めると、「**意思決定会計**（Decision accounting）」と呼ばれるお金の計算もあります。意思決定会計は、いくつかの施策の効果やリスクを予測し、その施策を比較しながら最も儲け

を生み出すものを選ぶお金の計算です。

　管理会計や意思決定会計は、現在から未来の利益や費用を計算するために会社の全部門の人が不確実の状況で自由に行うお金の計算です。

♥ふみ　清リーダー、ウチの会社は管理会計を導入してるんですか？

経営企画部が中心でまとめるのは全社の**予算管理**かな、製造部門では原価管理もやっているね。ほかの会社では…。

♣清

私の経験だと予算管理は多くの会社で導入されているかな。また後で詳しく説明するね。

❀実桜

### 図表 ❶-❷ 過去、現在、未来のお金の計算

| | 財務会計 | 管理会計 | 意思決定会計 |
|---|---|---|---|
| 計算対象 | 過去 | 現在　〜　未来 | |
| 特　徴 | 過去の一定期間ごとの姿を一定の様式で記録し、利害関係者に正しく知らせる | 管理サイクルで的確なアクションを打つ | 未来の姿を想定して、アクション施策を練り、意思決定を助ける |
| | 経理部門（専門の知識が必要） | 営業、製造など全部門 | |
| | 約束事を守り確実に | 不確実の状況で自由に | |
| | 利益や原価の配分計算 | 比較の計算で利益を拡大 | |

実桜先生、未来を予測するのって難しいですよね。

♣清

❀実桜

そーね。いろいろな方法があるけれど、精度の高い予測値を得る方法の１つに、**ＡＩ**（Artificial Intelligence：**人工知能**）の学習機能があるわよ。大手製造業などでは、機械学習を使って工場の生産量を予測する取り組みが実用化されてるわ。

♥ふみ　へぇー、ウチも検討が必要ですね。

# 時代とともに変わってきた 管理会計の役割を知ろう

●管理会計は、米国の大学で経営者・管理者になるための教育として誕生し、社会情勢に対応しながら構築された。

## ❖はじめは会社の活動を管理するため

1920年、米国のシカゴ大学商学部で管理会計は誕生しました。当時の商学部カリキュラムは、決算書の作り方など過去のお金の計算が中心で、将来会社の経営者や管理者になるための教育が不足していました。そこで、商学部のマッキンゼー（J.O.McKinsey）教授が**管理会計**という講義を開設しました。

この当時の管理会計は、決算書の分析、標準原価計算（Standard costing）および**予算管理**（Budget control）が中心でした。**標準原価計算や予算管理は、未来の原価や活動を計画し、計画の実現に向けて会社の活動を管理する仕組みとして登場したのです。**

> **ミニ知識**
>
> 管理会計で名前が売れたマッキンゼー教授は、自らの名前をつけたコンサルティング会社"**マッキンゼー・アンド・カンパニー**"を立ち上げました。

♥ふみ
実桜先生、管理会計が誕生したとき米国はどんな国だったんですか？

当時の米国では、テイラー（F.W.Taylor）による**科学的管理法**が普及し始めていたのよ。ふみさん聞いたことある？

❁実桜

♥ふみ
えー、たしかテイラーさんは、工場で**作業方法の改善**や**標準時間**を設定し、「管理」の概念を確立した人ですよね。

正解。この時代に、標準と実施結果を比べて活動を評価し是正する管理活動が誕生したのよね。そして、科学的管理法の基本になっている**"標準の設定"**という考え方は、その後管理会計にも大きな影響を与えたのよ。

❀実桜

♥ふみ

そっかー、初期段階の管理会計に標準原価計算や予算管理があるのは、標準の設定という考え方があったからなんですね。

## ❖次は計画を重視した管理会計

1929年に米国から始まった大恐慌は1930年代後半まで続きました。この時代を乗り切るために米国の経営者は、**過剰な生産設備を保有しながら、来年度の利益を計画し、それを達成するにはどうしたらよいかを検討しました。**このとき注目されたのが損益分岐点分析（Break-even analysis）です。

損益分岐点分析により生産設備などの固定費の削減方法を検討し、その結果を予算管理と結びつけたのです。さらに、この時代に**直接原価計算**（Direct costing）の考え方が誕生しました。これらにより、初期段階の管理会計体系が構築されたのです。

### 図表 ❶-❸ 初期の管理会計

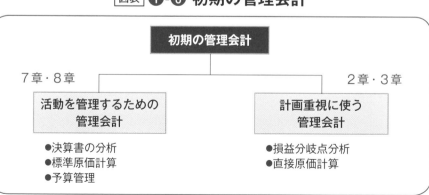

# 管理会計は経営者の
# 意思決定や業績管理に使える

●管理会計は、経営環境の変化が激しいに今日では、経営戦略を策定するのに欠かせない。

## ❖環境変化に対応する管理会計

　1960年代に入り、会社を取り巻く経営環境の変化が激しくなり、管理会計はさらに進化しました。そこで登場したのが、**意思決定会計**と**業績管理会計**（Performance accounting）です。環境変化にどのように対応するかの意思決定、意思決定したことにより業績がどう変化したかの管理が重視されたわけです。また、設備投資などの意思決定は長期間におよぶものがあります。そこで、**現在100万円のお金も時間が過ぎればお金の価値が変わる**という考え方が確立されました。

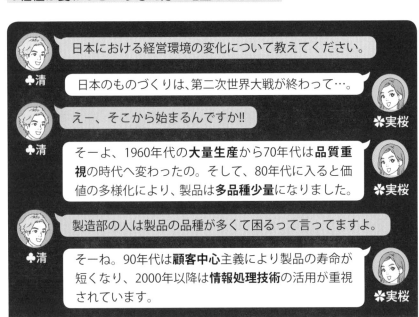

♣清：日本における経営環境の変化について教えてください。

❀実桜：日本のものづくりは、第二次世界大戦が終わって…。

♣清：えー、そこから始まるんですか!!

❀実桜：そーよ、1960年代の**大量生産**から70年代は**品質重視**の時代へ変わったの。そして、80年代に入ると価値の多様化により、製品は**多品種少量**になりました。

♣清：製造部の人は製品の品種が多くて困るって言ってますよ。

❀実桜：そーね。90年代は**顧客中心**主義により製品の寿命が短くなり、2000年以降は**情報処理技術**の活用が重視されています。

♣清 なるほど、これらの環境変化へどのように対応するかにより会社の業績が変わってきますね。

さすが清さん、経営企画部の主任はいいポイントをつきますね。

♣実桜

## ❖これからの管理会計は経営戦略に活用する

品質を重視する経営環境の変化から生まれたのが**品質原価計算**（Quality costing）です。また、多品種少量により管理間接部門の比重が大きくなったことで、**活動基準原価計算**（**ABC**：Activity Based Costing）、**活動基準原価管理**（**ABM**：Activity Based Management）、**活動基準予算管理**（**ABB**：Activity Based Budgeting）、**バランスト・スコアカード**（**BSC**：Balanced Score Card）が誕生しました。ＡＢＣ、ＡＢＭ、ＡＢＢは、**原価計算に活動という概念を取り入れ**、それまで難しいと言われていた管理間接部門の仕事を管理するのに有効な技法です。

顧客満足度を向上させるために必要な管理会計の技法として**原価企画**（Cost planning）などさまざまなものが誕生しましたが、**これらの技法は意思決定や業績管理にも活用できます。**

## 図表 ❶-❹ 中期から現代の管理会計

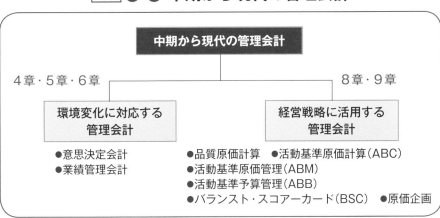

# 管理会計の使い方は人によって異なる

● 自社に適した管理会計を導入するには、組織の役割は何かを追求する。それにより、部門や人別に管理会計の目的や使い方が見えてくる。

## ❖各部門の役割と必要な管理会計を整理する

　管理会計は、**経営者やすべての部門の管理者に必要な知識や技法**です。たとえば、**営業部門**は「ライバルメーカーに勝つためには受注価格をいくらにするか」「新製品の売価をいくらにするか」などの経営判断は日常茶飯事ではないでしょうか。また、**生産部門**では、「この製品は社内で作るかサプライヤーで作るか」の経営判断や「部品の購入価格をいくらにするか」などの意思決定も必要です。

## ❖あなたに必要な管理会計は何か

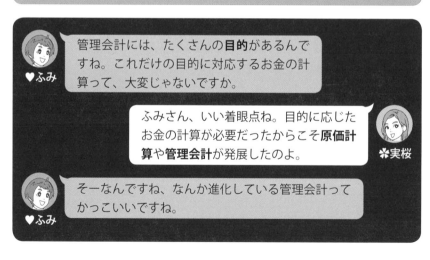

　[図表]❶-❺の会社の各部門が必要な管理会計を導入することができれば、会社をさらに成長させることができるかもしれません。

## 図表 ❶-❺ 各部門に必要な管理会計

| 誰が（部門） | | | | | | | | 何のために | 何を知りたいか |
|---|---|---|---|---|---|---|---|---|---|
| 経営者 | 管理者 | | | | | | | 管理会計の使用目的と具体的なアクション | |
| | 営業 | 購買 | 開発設計 | 生産技術 | 生産管理 | 製造 | 管理間接 | | |
| ◎ | | | | | | | | 事業戦略の作成 | どの事業が成長しているか |
| ◎ | | | | | | | | 事業戦略の見直し | どの事業が儲かり損しているか |
| | ◎ | | | | | | | 売価・受注価格の決定 | 売価・受注価格をいくらにするか |
| | ◎ | | | | | | | 売価の見直し | どの製品が儲かり損しているか |
| | | ◎ | | | | | | 購入価格の決定 | 購買価格をいくらにするか |
| | | ◎ | | | | | | 購入価格のコストダウン | 部品の実際原価はいくらか |
| | | | ◎ | | | | | 新製品の設計 | いくらで設計しなければならないか |
| | | | ◎ | | | | | 既存製品のコストダウン | どの製品の材料費を低減すべきか |
| | | | | ◎ | | | | 設備投資の決定 | 新設備導入と旧設備更新のどちらが得か |
| | | | | ◎ | | | | 既存製品のコストダウン | どの製品の加工費を低減すべきか |
| | | | | | ◎ | | | 内外製の決定 | どこで作るか |
| | | | | | | ◎ | | 標準原価の達成 | いくらで作らなければならないか |
| | | | | | | ◎ | | 作業改善 | どこに原価ロスがあるか |
| | | | | | | | ◎ | 予算の編成 | 来年度の製造予算はいくらか |
| | | | | | | | ◎ | 業務改善 | コストダウンできているか |

　**管理会計の導入には、自部門の存在目的は何か、その目的を達成するための活動を継続するにはどんな管理会計が必要なのかを考えることが大切です。**事業戦略が打ちやすい、業務や業績が管理しやすい、コストダウンの提案ができるなどの観点から、自社（あなた）に必要な管理会計の使い方を整理してください。

## 図表 ❶-❻ 各部門に必要な管理会計の整理

| 誰が（部門） | 何のために | 何を知りたいか | 備考 |
|---|---|---|---|
| | | | |
| | | | |
| | | | |
| | | | |
| | | | |

# 管理会計により数字をもとにしたマネジメントを実践

●「管理は測定に始まる」と言われている。数字で日常の活動を計れば、マネジメントの実態が見えてくる。

## ❖測定なくして管理なし

初期段階の管理会計に登場した**売上予算管理**と**標準原価管理**を管理サイクルで表してみました。

### 図表 ❶-❼ 会社における管理サイクル

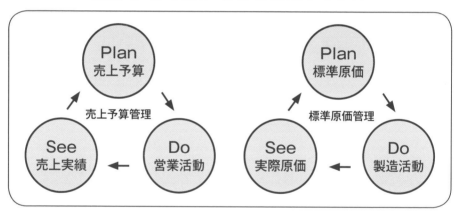

売上予算管理では、**Plan**として**売上予算**を作成し、**Do**で営業活動を行い、**See**で**売上実績**と売上予算を比較します。売上予算と売上実績が同じか売上予算以上ならば問題はありませんが、売上実績が売上予算を下回れば何か手を打たなければなりません。考えられる要因には、「値引きなどによる売上単価の変動、売上数量の変動、プロダクトミックスの違い」などがあります。具体的なアクションを打つためには、**要因を考慮した差異分析が必要で、そのためのデータを提供するのが管理会計なのです。**

標準原価管理では、Planとして製造目標となる**標準原価**を設定し、Doの**製造活動**の結果集計される**実際原価**をSeeで比較します。標準原価と実際原価がイコールなら製造活動はきわめて順調に行われたことになります。もし、実際原価が標準原価を上回ったら工場内にムダ（ロス）が発生しているので対策が必要になります。具体的な対策を打つには、**「どの部門・工程で、どのようなムダが、いくら発生しているか」**がわからなければなりません。

## ❖数字に強くなるには

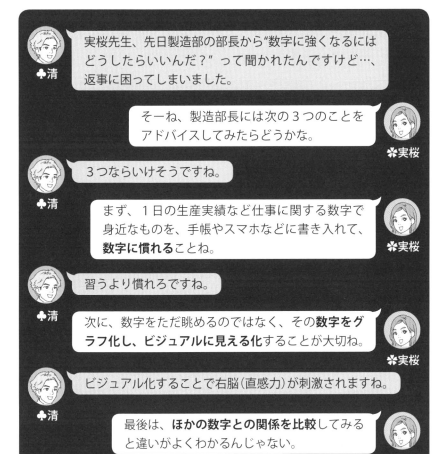

**清：** 実桜先生、先日製造部の部長から"数字に強くなるにはどうしたらいいんだ？"って聞かれたんですけど…、返事に困ってしまいました。

**実桜：** そーね、製造部長には次の３つのことをアドバイスしてみたらどうかな。

**清：** ３つならいけそうですね。

**実桜：** まず、１日の生産実績など仕事に関する数字で身近なものを、手帳やスマホなどに書き入れて、**数字に慣れる**ことね。

**清：** 習うより慣れろですね。

**実桜：** 次に、数字をただ眺めるのではなく、その**数字をグラフ化し、ビジュアルに見える化**することが大切ね。

**清：** ビジュアル化することで右脳（直感力）が刺激されますね。

**実桜：** 最後は、**ほかの数字との関係を比較**してみると違いがよくわかるんじゃない。

# 原価計算は
## 財務会計と管理会計の架け橋

●多くの目的によりさまざまな原価があり、原価計算は財務会計と管理会計には欠かせない。

## ❖原価計算には5つの目的がある

　財務会計と管理会計は、原価計算と接点があります。昭和37年（1962年）に『原価計算基準』が制定されましたが、原価計算基準では、原価計算の目的を5つ上げています。

①**財務諸表目的**：財務諸表作成に必要な真実の原価を集計する。
②**価格計算目的**：価格計算に必要な原価資料を提供する。
③**原価管理目的**：原価管理に必要な原価資料を提供する。
④**予算編成目的**：予算編成と予算統制に必要な原価資料を提供する。
⑤**経営計画目的**：経営の基本計画設定に必要な原価情報を提供する。
『原価計算基準』第1章1より作成

　①の「財務諸表目的」は**財務会計目的**、②～⑤は**管理会計目的**であり、財務会計と管理会計の接点が原価計算であることがわかります。

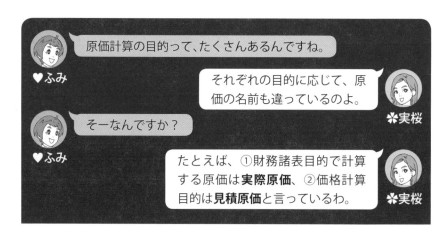

> 原価って言えば、実際原価しかないと思っていました。

♥ふみ

> これ以外にも、④予算編成目的では**予定原価**、⑤経営計画目的では**差額原価**や**機会原価**が登場しますよ。

�実桜

> はーい、違いをしっかり押さえまーす。

♥ふみ

## ❖目的に応じて原価を使い分ける

原価計算の目的が異なれば、異なる原価が必要になります。

①財務諸表目的の**実際原価**は、会社でものづくりやサービスに実際にかかったお金を集計して求めます。②価格計算目的の**見積原価**は過去の原価データに今後の動向を加味して求めます。③原価管理目的の原価計算は、原価管理に必要なムダを含まない**標準原価**と**実際原価**が対象となります。④予算編成目的の**予定原価**は、見積原価や標準原価に生産数量を掛け算して求めます。⑤の経営計画目的の**差額原価**や**機会原価**は、意思決定に必要な原価を表します。

図表 ❶-❽ **原価計算の目的と対象となる原価**

| | 目的 | 対象となる原価 |
|---|---|---|
| 財務会計 | ①財務諸表 | 実際原価 |
| 管理会計 | ②価格計算 | 見積原価 |
| | ③原価管理 | 標準原価、実際原価 |
| | ④予算編成 | 予定原価 |
| | ⑤経営計画 | 差額原価、機会原価 |

原価計算基準では、原価を「正常な状態で経営目的に関連した活動で、ものやサービスの価値を作り出すためにかかるお金」と定めています。これより**突然の火災や震災など偶発的な事故など**

**用語**

非原価項目…会社で発生するお金の中で、**原価にならないお金**のこと。復興金、寄付金、法人税、所得税など。

の復興金などは異常な状態で発生したお金なので原価にはなりません。

# 管理会計に必要な原価の分け方と使い方

本社で第2回定例ミーティングが開催

今日は、管理会計に必要な原価についてのミーティングです。

原価の分類法はいくつかあるので、自分の部門で必要な原価を考えてみてください。

センセー！
原価計算っていろいろなやり方がありますよね。

ピシッ

いい質問ですね。

原価計算は、企業のすべての部門に必要です。

各部門の原価計算に対するニーズとアクションにより数パターンのやり方があります。

たくさんあるの…？

えぇ～

原価計算は、"いつやるか""どう集計するか"などのキーワードを押さえればパターン化できます。

アハハ…
大大夫ですよぉ～

ドョンド

具体的に検討してみましょう。

…ということで、
原価計算には
**財務会計**と**管理会計**の目的があることをしっかり頭に入れてください。

財務会計
管理会計

先生、ありがとうございました。
原価計算の全体像がおおよそわかりました。

では、もう一度、自分の部門でどのような原価計算が必要か検討します。

営業部門長いかがですか？

# 製品ごとにわかる**直接費**と
# わからない**間接費**

●製品別の価格を設定するには、特定の製品に使われたことが把握できる原価と、できない原価に分ける必要がある。

## ❖原価の分類の１つ目は「直接費」「間接費」

原価計算は、原価が何を使うことにより発生するのかという**形態別分類**からはじまります。

原価計算基準では、**製造原価を「材料費」「労務費」「経費」の３つに分ける**ことを定め、原価の３要素と呼ばれています。この分類は主に財務会計に使われます。

管理会計では、原価の３要素のほかにいくつかの分類を用いますが、その１つに「**直接費**（Direct costs）」「**間接費**（Indirect costs）」があります。

**♥ふみ** 実桜先生、"直接費" "間接費"ってどんな分け方なんですか？

この分け方は、製品から見たときの分け方なのよ。特定の製品に使われたことがわかるのが**"直接費"**、わからないのか**"間接費"**になるのね。 **❀実桜**

**♥ふみ** なんのためにそんな分け方をするんですか？

製品の価格を計算するには、原価を正しく計算したいでしょう。それには、**特定の製品に使われた**ことが明らかものは、**直接把握**したいじゃない。そこから直接費と間接費の区分が生まれたのよ。 **❀実桜**

ということは、**材料費**、**労務費**、**経費**はそれぞれが直接費と間接費に分けられるんですね。

♥ふみ

## ❖材料費を直接材料費と間接材料費に分ける

　原料や材料などの物品を使うことによって発生する原価が**材料費**です。同じ材料費でも製品の主原料として使われたものと、補助的な消耗品として使われたものでは目的が違います。**この違いがわかるように、費目と呼ばれるお金を集計するグループを設定します。**製品の主原料として使われた材料費は「素材費や原材料費」、補助的な材料は「工場消耗品費」などのように**費目**を設定します。

　材料費で直接製品になり、製品の一部を構成する原価が**直接材料費**です。製品の主な部分の素材費、外部で買ってそのまま使う買入部品費などが直接材料費になります。製品別に直接とらえることができる原価であっても、金額が小さく計算の手間がかかるものは、**間接材料費**として分類します。たとえば、製品の組立に使うネジ類などの工場消耗品です。

### 図表 ❷-❶ 直接材料費と間接材料費

| 形態別 | 直接費・間接費 | 費目 |
|---|---|---|
| 材料費 | 直接材料費 | 素材費または原材料費 |
| | | 買入部品費 |
| | 間接材料費 | 燃料費 |
| | | 工場消耗品費 |
| | | 消耗工具器具備品費 |

## ❖労務費を直接労務費と間接労務費に分ける

　人の労働力を使うことにより生ずる原価が**労務費**です。

実桜「ふみさん、労務費って毎月の**給料**以外に何があると思う？」

ふみ「もうすぐ支給されるボーナスがあると思います。それと…。」

清「あとは、**退職金**や会社が負担する**健康保険料**なども含まれるんじゃないんですか。」

実桜「そーね、**健康保険**、**厚生年金保険**、**労災保険**、**雇用保険**の**会社負担分**は福利費という費目で労務費に含まれていのよ。」

　労務費のうち、製品の製造に直接かかわる作業者（直接工）が特定製品を加工、組立する直接作業が**直接労務費**です。直接工が設備の修繕など製品の生産に直接かかわらない間接作業を行ったときは、**間接労務費**になります。また、事

> **用語**
>
> 　費目では、工場の製造現場で働く人に支払われるものを**賃金**、工場で働くパートタイマーや臨時雇いの人に支払われるものを**雑給**、工場の事務部門や技術部門で働く人に支払われるものを**給料**と呼びます。

務部門や技術部門、管理者などの給料などは間接労務費になります。

## 図表 ❷-❷ 直接労務費と間接労務費

| 形態別 | 直接費・間接費 | 費目 |
|---|---|---|
| 労務費 | 直接労務費 | 直接作業の賃金・雑給 |
| | 間接労務費 | 間接作業の賃金・雑給 |
| | | 給料 |
| | | 従業員賞与手当 |
| | | 退職給与引当金繰入額 |
| | | 福利費 |

## ❖経費を直接経費と間接経費に分ける

材料費、労務費以外の原価は**経費**と呼ばれます。材料費、労務費以外ですからその中身は多種にわたります。

♥ふみ

経費っていろいろなお金の集まりなんですね。
どーやって分けたらいいんですか？

経費はお金の支払い形態により次の4つに分類できるのよ。

❀実桜

①**測定経費**：電気料、ガス料金などのメーターで計り支払う経費。
②**支払経費**：修繕費、旅費交通費などの実際に支払った金額の経費。
③**月割経費**：保険料、固定資産税などの数か月分を1度に支払う経費。
④**発生経費**：購入して倉庫にあった材料が破損などで使えなくなるなど、実際に発生しているがお金の支払いを伴わない経費。

『原価計算基準』第2章8(1)より作成

経費は、特定の製品を生産するのに必要な外注加工費、金型費などが**直接経費**になります。これ以外の経費はどの製品にも共通に使われるものが多く、**間接経費**となる費目がほとんどです。

### 図表 ❷-❸ 直接経費と間接経費

| 形態別 | 直接費・間接費 | 費目 |
|---|---|---|
| 経　費 | 直接経費 | 外注加工費 |
| | | 金型費 |
| | 間接経費 | 減価償却費 |
| | | 修繕費 |
| | | 電気料 |
| | | ⋮ |

# 仕事が増えたり減ったりすると変わる**変動費**と変わらない**固定費**

●仕事量による原価の違いを計算するには材料費、労務費、経費を変動費と固定費に分類する必要がある。

## ❖原価の分類の2つ目は「変動費」「固定費」

　直接費と間接費に引き続き、管理会計に必要な原価の分類を考えてみましょう。それは、**仕事量**（操業度）と原価との関係です。

　原価の中には材料費や外注費などのように、仕事量が増えたり減ったりすると、それに比例して増えたり減ったりする原価があります。これが**変動費**（Variable costs）です。これに対して、倉庫や駐車場の賃借料などは、仕事量に関係なく一定額の原価が発生します。これが**固定費**（Fixed costs）です。

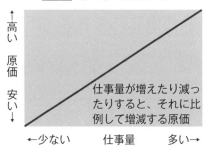

図表 ❷-❹ 変動費

↑高い　原価　安い↓

←少ない　仕事量　多い→

仕事量が増えたり減ったりすると、それに比例して増減する原価

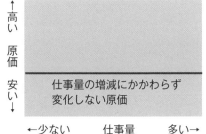

図表 ❷-❺ 固定費

↑高い　原価　安い↓

←少ない　仕事量　多い→

仕事量の増減にかかわらず変化しない原価

## ❖変動費と固定費の間にある原価もある

♣清　実桜先生、電気料金などは使わなくても基本契約料がかかり、後は使った分だけ払いますよね。これって変動費、固定費のどっちなんですか？

30

電気料金や電話料金などは変動費と固定費の間にあるので**準変動費**と呼ばれるのよ。

✿実桜

　ある範囲の仕事量の変化では固定的で、これを超えると一定額が増加し、再び固定化する原価を**準固定費**と言います。たとえば、スマホのデータ通信料金などには、２ＧＢ（ギガバイト）までは固定料金で、これを超えると１ＧＢごとに料金が増加する準固定費といった契約があります。

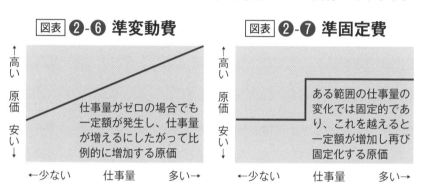

図表 ❷-❻ **準変動費**

↑高い　原価　安い↓

仕事量がゼロの場合でも一定額が発生し、仕事量が増えるにしたがって比例的に増加する原価

←少ない　仕事量　多い→

図表 ❷-❼ **準固定費**

↑高い　原価　安い↓

ある範囲の仕事量の変化では固定的であり、これを越えると一定額が増加し再び固定化する原価

←少ない　仕事量　多い→

　**変動費**は材料費、直接労務費、外注加工費などであり、**固定費**は間接労務費、金型費、減価償却費などで構成されます。

図表 ❷-❽ **材料費・労務費・経費を変動費と固定費へ**

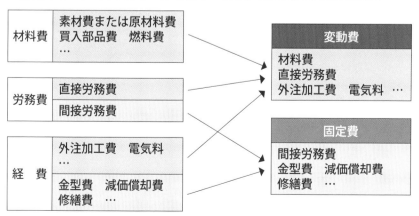

| 材料費 | 素材費または原材料費　買入部品費　燃料費　… |
| 労務費 | 直接労務費 |
| | 間接労務費 |
| 経　費 | 外注加工費　電気料　… |
| | 金型費　減価償却費　修繕費　… |

変動費
材料費
直接労務費
外注加工費　電気料　…

固定費
間接労務費
金型費　減価償却費
修繕費　…

## ❖変動費と固定費を分解する

原価を変動費と固定費に分類することを**固変分解**といいます。

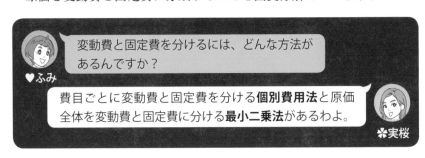

変動費と固定費を分けるには、どんな方法が
あるんですか？
♥ふみ

費目ごとに変動費と固定費を分ける**個別費用法**と原価
全体を変動費と固定費に分ける**最小二乗法**があるわよ。
❖実桜

**個別費用法**は、各原価費目の性質を分析して、変動的な色彩が強ければ変動費に、固定的な色彩が強ければ固定費と、いずれかにみなす方法です。費用の名称などから形式的に分類するのではなく、実態をよく分析して判断することが大切です。

**最小二乗法**を用いた固変分解は、過去の売上高と製造原価の実績から**回帰方程式**（$y = ax + b$）を求め、理論値で変動費と固定費を分解する方法です。この方法は、費目一つひとつについて固定費か変動費かを吟味して判断する手間がかかりません。

### 図表 ❷-❾ 最小二乗法を用いた固変分解

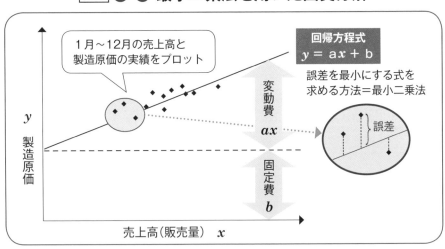

## ❖最小二乗法を実践しよう

**ふみ**：最小二乗法って難しそうですね。

**実桜**：売上高と原価のデータがあれば、後はExcellにおまかせよ。

最小二乗法を用いた固変分解で、ME社の実績を分析してみましょう。

ME社の4月から3月までの売上高(千円)と製造原価(千円)をマイクロソフト社のExcellにデータ入力します。そして、散布図を作成すると回帰方程式($y = 0.567x + 749.73$)が求まります。回帰方程式より、単位当たり変動費は0.567千円/個、固定費は749.73千円であることがわかります。

> **用語**
>
> **散布図と相関**…散布図とは、対になった2つのデータを横軸($x$)、縦軸($y$)にとり、**観測値を打点して作る図**のことです。横軸($x$)のデータの変化に対して、縦軸($y$)のデータが変化する場合、これらのデータ間に**相関関係**があると言います。

### 図表 ❷-⓾ Excellを用いた固変分解

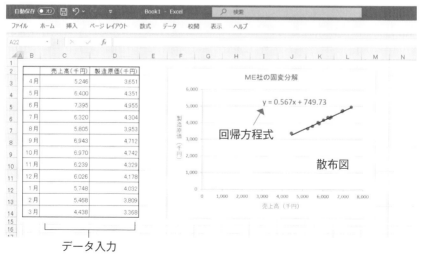

# 管理ができる**管理可能費**とできない**管理不能費**

●管理者ごとの管理可能費が見えている会社は、原価が管理しやすいので、原価管理が進んでいる。

## ❖原価の分類の３つ目は「管理可能費」「管理不能費」

　３番目の分類は、会社で発生した原価が特定の人によって管理できるかどうかの分類です。会社の中で発生したすべての原価は管理できますが、人によっては管理できない原価もあります。そこで特定の人が管理できる原価を**管理可能費**（Controllable costs）、できない原価を**管理不能費**（Uncontrollable costs）と分類します。

### 図表 ❷-⓫ 監督責任と保留責任

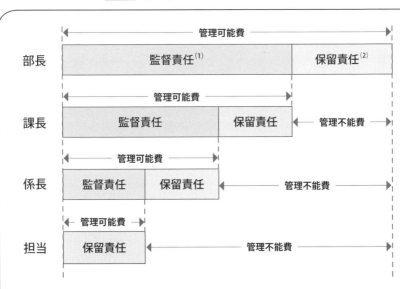

（１）**監督責任**：部下に仕事を任せてそれを監督指導しなければならない責任
（２）**保留責任**：管理者自ら対処しなければならない責任

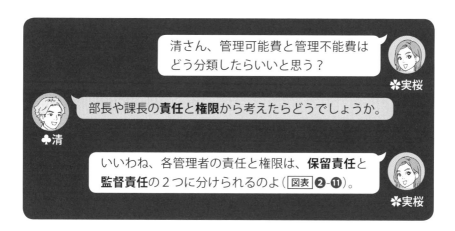

管理者別に見ると、自分の**保留責任**と**監督責任**については管理可能費ですが、それ以外は管理不能費になります。

## ❖管理できる原価の範囲を明確にする

原価管理や予算管理は、管理者別に管理できる原価の範囲を明確にし、**管理者の管理可能費のみを集計**します。**管理できない原価は上位の管理者に振替、すべての原価を管理可能費とします。**そして、原価管理では標準原価、予算管理では予算金額と管理可能費を比較することで業績を評価します。

### 図表 ❷-⓬ 管理可能費と管理不能費

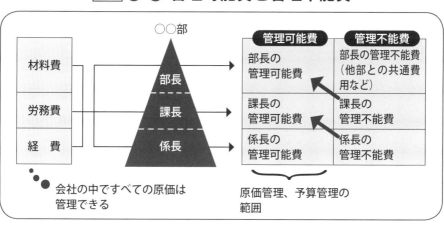

# 返してもらえないお金（埋没原価）と 何かすると増えるお金（増分原価）

●意思決定会計は比較の計算であり、過去に払ったお金と今後発生するお金を分けて計算する。

## ❖意思決定会計に必要な原価分類❶「埋没原価」「増分原価」

　未来に向かっての原価計算である意思決定会計では、新しい原価の分類として**埋没原価**（Sunk costs）と**増分原価**（Incremental costs）が登場します。

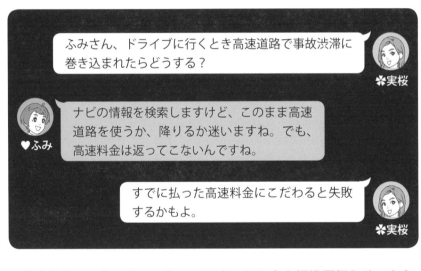

ふみさん、ドライブに行くとき高速道路で事故渋滞に巻き込まれたらどうする？

❀実桜

ナビの情報を検索しますけど、このまま高速道路を使うか、降りるか迷いますね。でも、高速料金は返ってこないんですね。

♥ふみ

すでに払った高速料金にこだわると失敗するかもよ。

❀実桜

　高速料金のようにすでに払ってしまったお金を**埋没原価**と言います。**埋没原価とは、過去に要した原価あるいは原価の一部分で回収不能となり、現時点での意思決定によって変化しない原価です。**せっかく払った高速料金は返ってきませんが、それは過去の話です。戻ってこないお金は未来に向かっての意思決定には影響しないので埋没したお金ということになります。

図表 ❷-⓭ 埋没原価

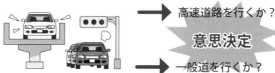

| 過去 | 現在 | 未来 |
| --- | --- | --- |

高速料金
埋没原価

高速道路を行くか？

**意思決定**

一般道を行くか？

## ❖意思決定の違いで増える原価

**増分原価とは、意思決定の違いで増加する原価です。**

> ふみさん、東京本社から名古屋の工場に出張するとき
> 新幹線は自由席か指定席のどちらにする？
> ❀実桜
>
> 時間があるときは自由席で座れるまで待ちます。
> でも、時間がないときは指定席を取ることが多
> いかなぁ。
> ♥ふみ

　指定席を取る意思決定すれば指定料金という追加料金（**増分原価**）が発生します。意思決定会計では、意思決定の違いによって増える原価が大切になります。それは、増分原価と得られる効果を比べて意思決定するからです。指定料金が増えても時間に余裕が持てれば、仕事の効率も上がると考える人が多いのではないでしょうか。

　違いがなければ意思決定の必要はありません。**意思決定会計は比較の計算**なのです。

図表 ❷-⓮ 増分原価

指定席にすると
追加料金（増分原価）が発生

37

# 追加や減少で発生するお金(**差額原価**)と取り逃がしたとき発生するお金(**機会原価**)

● A案を採用することによって得られる利益は、採用されなかったB案の利益を犠牲にして得られたものである。

## ❖意思決定会計に必要な原価分類❷「差額原価」「機会原価」

増分原価は意思決定により増加する原価ですが、減少する減分原価もあります。**増分原価と減分原価を含めた原価が差額原価**(Differential costs)です。

> 清さん、**差額原価**ってどんなものがあると思う？
>
> ❖実桜

> えー、意思決定によって増えたり減ったりする原価ですよね。そーだ、**変動費**は差額原価じゃないんですか。
>
> ♣清

> 正解。仕事が増えたり減ったりすると増減する変動費は典型的な差額原価ね。別の言い方をすれば、経営活動が変化することで生じる原価の変動値を意味してるのよ。
>
> ❖実桜

> なるほど、いろいろな原価の関係が整理できた気がします。
>
> ♣清

変動費は差額原価ですが、**固定費**について考えてみましょう。

**固定費は、意思決定の状況により埋没原価と差額原価が発生します。**たとえば、固定費の代表として製造活動に使う設備があります。現在使っている設備が古くなったので新設備に買い換えるかの意思決定では、現在の設備の減価償却費は埋没原価になります。一方、現在の設備は使い

ながら新しく設備を購入する場合は、状況が異なります。新しく購入する設備の購入価格が設備メーカーにより異なる場合は、購入価格の違いが差額原価になります

## ❖機会原価とは何か？

意思決定は、A案、B案、C案などの代替案から1つの案を選択することです。A案を選択した場合、選択されなかったB案、C案は、せっかくの機会を失ってしまいます。B案、C案によって得られる最大の利益は、A案を選択することにより犠牲になってしまいます。**ある意思決定をすることにより失ってしまう最大の利益**を機会原価(Opportunity costs)と言います。

A案の利益とB案、C案から得られる最大の利益(機会原価)を比べ、A案の利益が機会原価より大きければ、A案を選択してよいことになります。機会原価は意思決定には欠かせない原価ですが、判断に迷うことが多い原価です。選択した案は後で検証できますが、選択されなかった案は選択されたらこうなるであろうと推定して計算するからです。

> **用語**
>
> 埋没原価、増分原価、差額原価、機会原価など意思決定のための原価は、**特殊原価**(Special costs)とも呼ばれます。

図表 ❷-⑮ 機会原価

代替案の作成

A案 → A案 採用

B案 C案 B案、C案 不採用

B案 または C案を採用したときの最大の利益…機会原価

**A案の利益 ＞ 機会原価 ならOK**

# 管理会計は**直接原価計算**と**損益分岐点分析**から始まる

●売上高が損益分岐点より1円でも多ければ利益になり、少なければ赤字（損失）になってしまう。

## ❖売上高と変動費から限界利益を計算する

**♣清**　実桜先生、先日の営業部と利益計画の会議ありました。営業部の人は、**利益を上げるには売上を伸ばす**ことが一番という意見でしたが、本当にそれでいいんですか？

**❀実桜**　売上を伸ばしたところで利益が上がるとはかぎりませんよ。なぜなら、売上があるところには**原価が発生**しているからです。

**♣清**　ですよね。

利益は「売上高 − 原価」で計算しますが、売上高から引き算する原価により利益の名称が異なります。売上高から材料費を引いた残りを**付加価値**（Added value）、変動費を引いた残りを**限界利益**（Marginal profit）といいます。また、変動費は**限界原価**とも呼ばれます。

### 図表 ❷-⓰ 付加価値と限界利益

| 売上高 | |
|---|---|
| 材料費 | 付加価値 |
| 変動費 | 限界利益 |

40

このように、変動費だけで原価を計算する方法を**直接原価計算**（Direct costing）や**部分原価計算**と呼びます。

## ❖損益分岐点図表の作り方

利益を上げるためには売上と原価のバランスをうまくとって経営活動を進める必要があります。**売上高と変動費、固定費、利益の関係を分析する手法が損益分岐点分析**です。

損益分岐点分析は、**損益分岐点図表**を活用して行います。横軸に売上高（売上数量）を、縦軸に売上高と費用（原価）をとります。費用（原価）は、まず固定費に相当する点を縦軸上にとり、横軸と平行な線を引くと**固定費線**（B）になります。縦軸と固定費線との接点から、売上高に対する変動費の割合の角度で直線を引くと**変動費線**（C）になります。これは同時に**総費用線**を意味します。売上高と総費用線の交点が**損益分岐点**です。

**ミニ知識**

　**損益分岐点**とは、売上高と原価が等しくなる、収支トントンの売上高のことであり、正式には**損益分岐点売上高**と言います。

### 図表 ❷-⓱ 損益分岐点図表

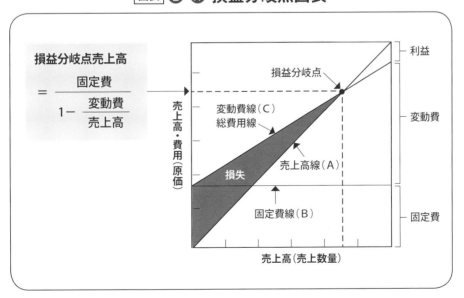

# 変動費をまず計算する
# 直接原価計算のやり方

●利益を出すには限界利益で固定費を回収することである。直接原価計算を活用すると限界利益と固定費の関係を明確にすることができる。

## ❖限界利益で固定費を回収する

　変動費は売上高(仕事量)に応じて増減する原価です。一方、固定費は売上高に関係なく発生する費用ですから、**利益を上げるためには固定費をカバーするだけの売上高が最低限必要になります。**

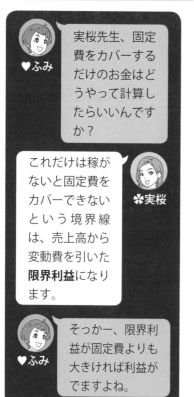

♥ふみ　実桜先生、固定費をカバーするだけのお金はどうやって計算したらいいんですか？

❀実桜　これだけは稼がないと固定費をカバーできないという境界線は、売上高から変動費を引いた**限界利益**になります。

♥ふみ　そっかー、限界利益が固定費よりも大きければ利益がでますよね。

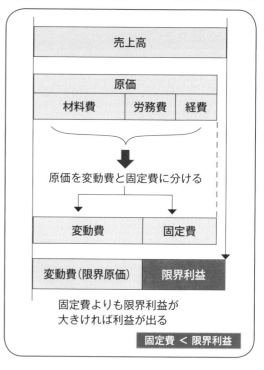

図表 ❷-⑱ 限界利益で固定費を回収

| 売上高 |
|---|

| 原価 | | |
|---|---|---|
| 材料費 | 労務費 | 経費 |

原価を変動費と固定費に分ける

| 変動費 | 固定費 |
|---|---|

| 変動費（限界原価） | 限界利益 |
|---|---|

固定費よりも限界利益が
大きければ利益が出る

**固定費 ＜ 限界利益**

## ❖直接原価計算で短期の利益計画を作成する

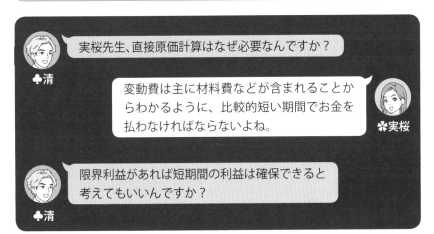

清：実桜先生、直接原価計算はなぜ必要なんですか？

実桜：変動費は主に材料費などが含まれることからわかるように、比較的短い期間でお金を払わなければならないよね。

清：限界利益があれば短期間の利益は確保できると考えてもいいんですか？

変動費に対して、固定費は減価償却費などが含まれることからわかるように、長期に回収すればよい原価です。そこで、限界利益で固定費が回収できれば利益は確保できます。

短期の利益計画では、限界利益や売上高に対する限界利益の比率である**限界利益率**が大切な情報になります。それは、**限界利益率が高いほど収益力は高いことを意味しているからです。**

---

**ミニ知識**

**直接原価計算**は、損益分岐点や限界利益など利益計画に役立つ情報を提供します。直接原価計算に対して、変動費と固定費を含める原価計算を**全部原価計算**と言います。財務会計で必要な財務諸表目的の原価計算では、全部原価計算が使われます。

直接原価計算と全部原価計算では、**売上から引き算する原価の中身が異なる**ので、求める利益の種類も異なってきます。

---

限界利益 ＝ 売上高 － 変動費（限界原価）

$$限界利益率 = \frac{限界利益}{売上高} \times 100$$

# 変動損益計算書を作ってみよう

●損益計算書には2種類あるが、目的に応じて使い分けることが大切である。

## ❖直接原価計算で変動損益計算書を作成する

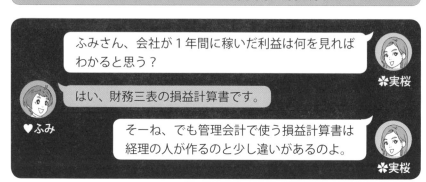

ふみさん、会社が1年間に稼いだ利益は何を見ればわかると思う？
❖実桜

はい、財務三表の損益計算書です。
♥ふみ

そーね、でも管理会計で使う損益計算書は経理の人が作るのと少し違いがあるのよ。
❖実桜

　製品Xの直接原価計算では、売上高(11,000千円)から**変動費**(6,600千円)を引き算して限界利益(4,400千円)を求めます。この限界利益から固定費(3,630千円)を引くと**営業利益**(770千円)が求まります。

## 図表 ❸-❶ 直接原価計算による損益計算書

| 直接原価計算(製品X) | | 備考 |
|---|---|---|
| 売上高 | 11,000千円 | ① |
| 変動費 | 6,600千円 | ② |
| 限界利益 | 4,400千円 | ③＝①－② |
| 固定費 | 3,630千円 | ④ |
| 営業利益 | 770千円 | ⑤＝③－④ |

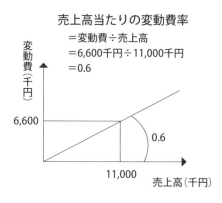

売上高当たりの変動費率
＝変動費÷売上高
＝6,600千円÷11,000千円
＝0.6

売上高と変動費は仕事量と比例関係があるので、売上高当たりの変動費率（変動費÷売上高）を求めると0.6になります。これより、売上高が10,000千円になったときの変動費は6,000千円（10,000×0.6）、限界利益は4,000（10,000−6,000）千円、営業利益は370（4,000−3,630）千円となることがわかります。売上高が11,000千円から10,000千円に減少すると営業利益は770千円から370千円に半減します。このように**直接原価計算では、利益計画に役立つ情報が得られます。**

## ❖全部原価計算で損益計算書を作成する

財務会計で作成する損益計算書に必要な原価計算を**全部原価計算**と言います。全部原価計算では、変動費、固定費の区分ではなく、製造活動の**製造原価**、営業活動の**販売費および一般管理費**で原価を集計します。つまり、売上高（11,000千円）から製造原価（売上原価：8,200千円）を引き算して**売上総利益（2,800千円）**を求めます。売上総利益は製造活動でどれだけ儲けたかを表します。次に、売上総利益から販売費および一般管理費（2,030千円）を引いて**営業利益（770千円）**を計算します。営業利益は、製造活動と営業活動での儲けです。全部原価計算では変動費と固定費の区分がないので、売上高と限界利益の関係を把握することはできません。しかし、**製造活動、営業活動での利益を知りたいときには必要です。**

### 図表 ❸-❷ 全部原価計算による損益計算書

| 全部原価計算 | | 備考 | | 直接原価計算 | |
|---|---|---|---|---|---|
| 売上高 | 11,000千円 | ① | | 売上高 | 11,000千円 |
| 製造原価（売上原価） | 8,200千円 | ② | | 変動費 | 6,600千円 |
| 売上総利益（粗利益） | 2,800千円 | ③＝①−② | | 限界利益 | 4,400千円 |
| 販売費・一般管理費 | 2,030千円 | ④ | | 固定費 | 3,630千円 |
| 営業利益 | 770千円 | ⑤＝③−④ | | 営業利益 | 770千円 |

製造原価＋販売費・一般管理費
＝8,200千円＋2,030千円
＝10,230千円

変動費＋固定費
＝6,600千円＋3,630千円
＝10,230千円

# 損益がトントンになる点が
# 損益分岐点

●限界利益と固定費が同じ金額になる売上高が損益分岐点売上高なので、限界利益が固定費より大きければ営業利益はプラスになる。

## ❖損益分岐点売上高を具体的に求めてみよう

　製品Xの損益分岐点売上高を求めると9,075千円になります。この金額を製品Xの売価(11千円)で割れば損益分岐点の売上数量825固(9,075千円÷11千円)が求まります。

### 図表 ❸-❸ 製品Xの損益分岐点売上高

| 製品X | 金額 | 比率(%) | 備考 |
|---|---|---|---|
| 売上高 | 11,000千円 | 100.0 | 11千円×1,000個 |
| 変動費 | 6,600千円 | 60.0 | 6.6千円×1,000個 |
| 固定費 | 3,630千円 | 33.0 | 製品X1個の限界利益 |
| 営業利益 | 770千円 | 7.0 | =11千円−6.6千円<br>=4.4千円 |

損益分岐点売上高

$$= \frac{固定費}{1- \dfrac{変動費}{売上高}}$$

$$= \frac{3,630千円}{1- \dfrac{6,600千円}{11,000千円}}$$

$$= 9,075千円$$

ふみさん、製品Xの売上数量が825個のとき、**限界利益**はいくらになる？

❈実桜

１個の限界利益が4.4千円なので、825を掛けると3,630千円になります。

♥ふみ

そーね、ちょうど**固定費**と同じ金額になるでしょ。

❈実桜

なるほど、限界利益と固定費が同じ金額になる売上高が**損益分岐点売上高**なんですね。

♥ふみ

## ❖損益分岐点図表を具体的に作ってみよう

　横軸に売上高または売上数量を、縦軸に売上高と費用をとり製品Xの**損益分岐点図表**を作成してみよう。売上高と総費用線の交点が**損益分岐点**です。

### 図表 ❸-❹ 製品Xの損益分岐点図表

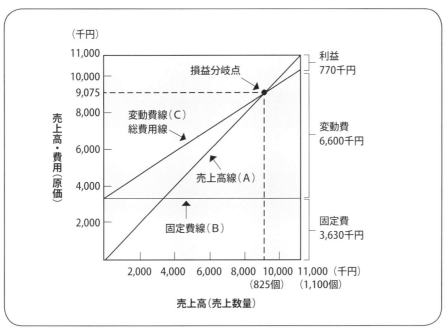

　損益分岐点の売上数量は次の計算式でも求めることができます。

　損益分岐点の売上数量を $x$ 個とすると、売上高は11,000$x$円、総費用は3,630,000円 + 6,600$x$円になります。売上高と総費用が等しくなる $x$ を求めると825個となります。

$$11,000\,x \;=\; 3,630,000 \;+\; 6,600\,x$$
$$4,400\,x \;=\; 3,630,000$$
$$x \;=\; 825$$

# 赤字製品を受注するか しないか

●赤字の判断には2つのやり方があり、1つの判断だけでは「見せかけの赤字」にだまされることがある。

## ❖全部原価計算で赤字を判断すると…

製品1個当たりの「売価−原価」がマイナスになると、この製品は損失が出ているとか赤字であると言われます。

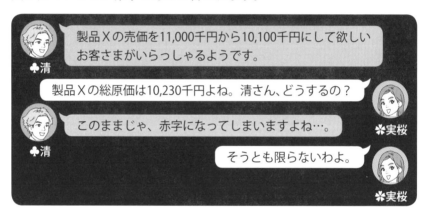

♣清 製品Xの売価を11,000千円から10,100千円にして欲しいお客さまがいらっしゃるようです。

製品Xの総原価は10,230千円よね。清さん、どうするの？ ❀実桜

♣清 このままじゃ、赤字になってしまいますよね…。

そうとも限らないわよ。 ❀実桜

### 図表 ❸-❺ 製品Xの赤字の判断

**全部原価計算**

| 売価 10,100千円 （10.1千円×1,000個） | |
|---|---|
| 製造原価 8,200千円 | 販管費 2,030千円 |

◄─── 10,230千円 ───►

**直接原価計算**

| 売価 10,100千円 （10.1千円×1,000個） | |
|---|---|
| 変動費 6,600千円 | 固定費 3,630千円 |
| | 限界利益 3,500千円 |

全部原価計算で利益を考えると、製品Ｘ1,000個の製造原価に販売費および一般管理費を加えた合計（総原価）が10,230千円です。1,000個の売上高は10,100千円なので、130千円（10,100千円－10,230千円）のマイナスになるので、「やめるべきだ」という結論になるでしょう。

## ❖直接原価計算で赤字を判断すると…

直接原価計算ではどうでしょう。その場合、売価が10,100千円になっても限界利益が3,500千円（10,100千円－6,600千円）あります。全部原価計算では赤字に見えますが、製品Ｘを値引きしても１個につき限界利益が3,500円あるので、**生産すれば生産するほど赤字が増えるわけではありません。** 値引き後の損益分岐点売上高は10,475千円、損益分岐点の売上数量は1,038個なので、数量が38個追加になれば損益分岐点に達します。

> **用語**
>
> 左記のような、損はしないが固定費を負担する力がないというだけの赤字を**疑似赤字**（見せかけの赤字）と言います。

## 図表 ❸-❻ 製品Ｘ値引き後の損益分岐点図表

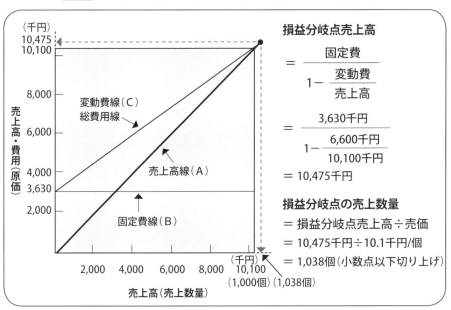

損益分岐点売上高

$$= \frac{固定費}{1 - \dfrac{変動費}{売上高}}$$

$$= \frac{3,630千円}{1 - \dfrac{6,600千円}{10,100千円}}$$

$$= 10,475千円$$

**損益分岐点の売上数量**

= 損益分岐点売上高 ÷ 売価

= 10,475千円 ÷ 10.1千円/個

= 1,038個（小数点以下切り上げ）

# お客さまからの**値引き**に いくらまで応じるか

●値引き額を判断するには、変動費の情報が欠かせない。変動費が値引き額のガイ ドラインになる。

## ❖作れば作るほどの赤字とは

お客さまからの**値引き**要求に対して、いくらまでなら対応できるか検 討してみましょう。

限界利益はあるが固定費を負担できない**疑似赤字**に対して、製品単位 当たりの限界利益がマイナスの赤字を本物の 赤字という意味で**真性赤字**と言います。

1個生産するごとに損をしないためには、 限界利益は常にプラスにしなくてはなりませ ん。そのためには、**変動費より売価は大きい**

> **用語**
> 真性赤字は、作れば 作るほど赤字になるの で**出血赤字**と呼ばれる こともあります。

金額に設定する必要があります。真性赤字にならないためには、値引き の限界は変動費以上になります。

### 図表 ❸-❼ 製品Xの真性赤字と疑似赤字

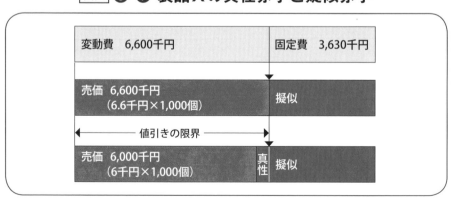

## ❖製品Xの値引き要求に応じるか

ふみさん、製品Xの売価を20%値引いてくれたら、追加で1,000個注文するという話がありました。あなたならどうする？　　❀実桜

そーですね、20%値引いても限界利益が確保できればいいんですよね。　♥ふみ

あとは、追加の注文でどれだけ**固定費を回収**できるかが問題ね。固定費の増加はないとして計算してくれる。　　❀実桜

　製品Xの売価を20%値引くと新しい売価は8.8千円（11千円×0.8）になり、売上数量が2,000個で売上高は17,600千円になります。このとき、変動費は13,200千円、固定費は3,630千円なので営業利益は770千円で値引き前と変わりません。また、損益分岐点の売上数量は1,650個で、従来の利益を確保するには2,000個の注文が必要になります。

### 図表 ❸-❽ 製品Xの20%値引き後の売上、原価、営業利益

| 製品X | 金額 | 比率(%) | 備考 |
|---|---|---|---|
| 売上高 | 17,600千円 | 100.0 | 8.8千円×2,000個 |
| 変動費 | 13,200千円 | 75.0 | 6.6千円×2,000個 |
| 固定費 | 3,630千円 | 21.0 | 製品X1個の限界利益 |
| 営業利益 | 770千円 | 4.0 | ＝8.8千円－6.6千円＝2.2千円 |

**損益分岐点売上高**

$$= \cfrac{固定費}{1-\cfrac{変動費}{売上高}} = \cfrac{3,630千円}{1-\cfrac{13,200千円}{17,600千円}}$$

$$= 14,520千円$$

**損益分岐点の売上数量**

= 損益分岐点売上高÷売価
= 14,520千円÷8.8千円/個
= 1,650個

# 損益分岐点分析を
# 意思決定に役立てる

●利益を増やすには４つの施策があるが、損益分岐点の位置が低くなる施策が優れている。

## ❖利益を増やすには

　利益は「売上高－原価」なので、利益を増やそうとすると売上高を増やすか原価を削減するかどちらかしかありません。

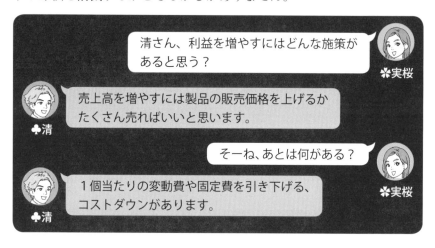

　利益を増やすには次の４つの施策があります。

①**売価アップ**：売価を上げると、**１個当たりの利益**が増え同じ数量を販売すれば、利益額は増大します。

②**売上数量増大**：売上数量が増えれば、**売上高**が増え、利益が増大します。

③**変動費削減**：１個当たりの変動費を引き下げると、**１個当たりの限界利幅**が大きくなり、利益が増大します。

④**固定費削減**：固定費を削減すると、その分だけ**原価**が減り利益が増大します。

## ❖損益分岐点の位置に着目しよう

　売価アップと売上数量増大により損益分岐点がどう変化するかを見てみましょう。売価アップ後の損益分岐点の位置は、売価上昇前と比べて低くなっていますが、売上数量増大では損益分岐点の位置は変わりません。

### 図表 ❸-❾ 売上による利益の増大策

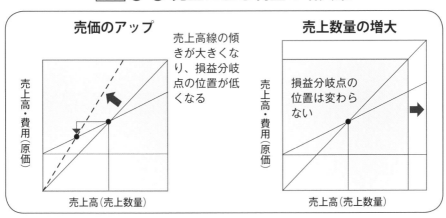

　変動費を低減すると総費用線の傾きが緩やかになり損益分岐点の位置が、変動費低減前と比べて低くなります。固定費を低減すると総費用線が下に平行移動し損益分岐点の位置が低くなります。**このように損益分岐点の位置が低くなると会社の体質も改善され、利益が出しやすくなります。**

### 図表 ❸-❿ 変動費と固定費の削減による利益の増大策

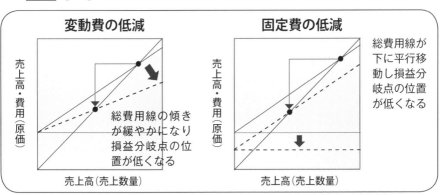

# 損益分岐点分析を活用して 収益向上の施策をねる

●収益向上の目標を設定し、それを達成するための施策を検討するには損益分岐点 分析が欠かせない。

## ❖売価アップの目標を設定しよう

　売上による利益の増大策には、売価アップと数量増大があります。製品Xの営業利益率は7％ですが、これを15％にするには、売価を11,000円/個からいくらアップしたらよいか検討します。

図表 ❸-⓫ 製品Xの売上、原価、営業利益

| 製品X | 比率(%) | 単価 | 金額(単価×1,000個) |
|---|---|---|---|
| 売上高 | 100.0 | 11,000円/個 | 11,000千円 |
| 変動費 | 60.0 | 6,600円/個 | 6,600千円 |
| 固定費 | 33.0 | 3,630円/個 | 3,630千円 |
| 営業利益 | 7.0 | 770円/個 | 770千円 |

　新しい売価を$y$円とします。売上数量は 1,000個のままとすると15％の営業利益を確保するためには、次の算式より求まります。

売上高 −(変動費 ＋ 固定費 ) ＝ 営業利益 (＝売上高×0.15)
$y$×1,000−(6,600,000＋3,630,000)＝$y$×1,000×0.15
850$y$＝10,230,000
$y$ ＝ 12,036円/個(小数点以下切り上げ)

　これより、11,000円/個の売価を12,036円/個までアップできれば、15％の利益率は確保できます。

営業利益 ＝ 12,036 ×1,000−(6,600,000＋3,630,000)

$$= 1,806,000$$
営業利益率 ＝ 1,806,000 ÷ 12,036,000×100＝ 15%

## ❖対策の効果を損益分岐点図表で確認しよう

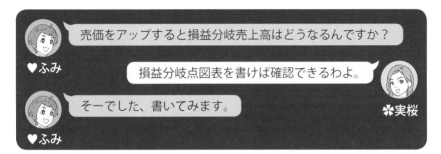

売価をアップすると損益分岐売上高はどうなるんですか？

♥ふみ

損益分岐点図表を書けば確認できるわよ。

そーでした、書いてみます。

❖実桜

♥ふみ

　売価を12,036円/個にアップすることで損益分岐点売上高は9,075千円から8,038千円、損益分岐点の売上数量は825個から668個になることを確認してください。

### 図表 ❸-⑫ 売価アップ後の製品Ｘの損益分岐点図表

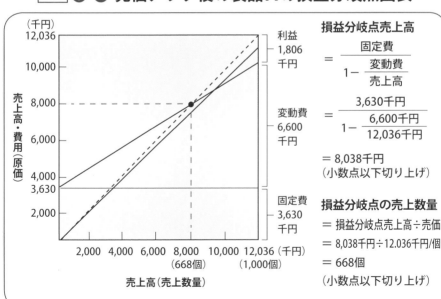

損益分岐点売上高

$$= \dfrac{固定費}{1- \dfrac{変動費}{売上高}}$$

$$= \dfrac{3,630千円}{1- \dfrac{6,600千円}{12,036千円}}$$

= 8,038千円
（小数点以下切り上げ）

損益分岐点の売上数量

= 損益分岐点売上高÷売価

= 8,038千円÷12.036千円/個

= 668個

（小数点以下切り上げ）

## ❖売上数量増大の目標を設定しよう

　営業利益率15％を確保するための売上数量の増大目標を設定します。固定費の増加はないとして新しい売上数量を $y$ 個とすると、次の算式より1,320個が求まりますが、損益分岐点売上高は変わりません。

$$11,000 \times y - (6,600 \times y + 3,630,000) = 11,000 \times y \times 0.15$$
$$y = 1,320個$$

### 図表 ❸-⓭ 売上数量増大後の製品Ｘの損益分岐点図表

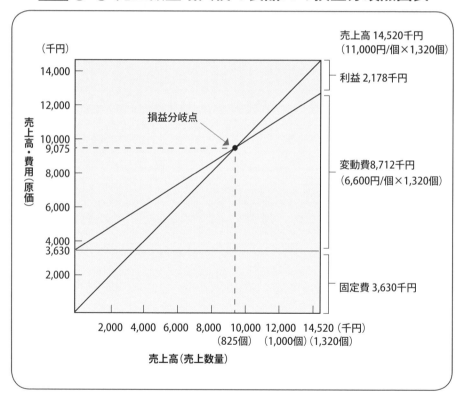

実桜先生、売価アップってお客さんとの関係が
あるので難しいですよね。

そーね、何か新しい機能がつかないとね…、それに
対してコストダウンは社内の努力でできますよ。
❀実桜

さっそく、製造部、営業部と打ち合わせます。

## ❖変動費と固定費の低減目標を設定しよう

実桜先生、製造部、営業部と製品Xの利益向上策に
ついて打ち合わせしました。

結果はどうだったの？
❀実桜

　製品Xの営業利益率は7％ですが、これを15％にするには、変動費を
いくら低減しなければならないか検討します。新しい変動費の単価を$y$
円とし、売上数量は1,000個のままで15％の営業利益を確保するためには、
以下の算式より求まります。

11,000,000－(1,000×$y$＋3,630,000)＝11,000,000×0.15
$y$＝5,720円/個

　これより、6,600円/個の変動費を5,720円/個まで低減できれば、15％
の営業利益率は確保できます。また、損益分岐点売上高は9,075千円か
ら7,563千円に低下します（図表 **3**-**⑭**）。

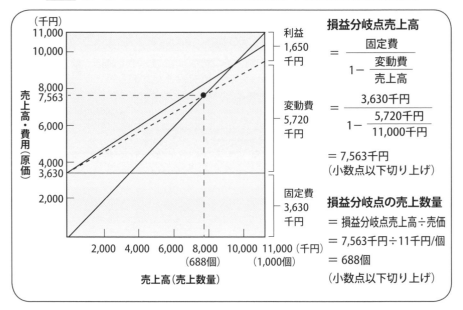

図表 ❸-⑭ 製品Xの変動費低減後の損益分岐点図表

## ❖固定費を変動費化しよう

変動費と同じように新しい固定費の単価を$z$円とすると、15%の営業利益を確保するための固定費は2,750円/個になり、損益分岐点売上高は6,875千円に低下します。

$$11,000,000-(6,600,000+1,000\times z)=11,000,000\times0.15$$
$$z=2,750円/個$$

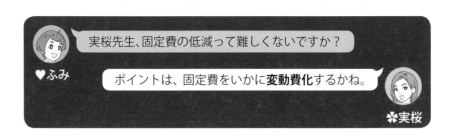

実桜先生、固定費の低減って難しくないですか？

♥ふみ

ポイントは、固定費をいかに**変動費化**するかね。

❖実桜

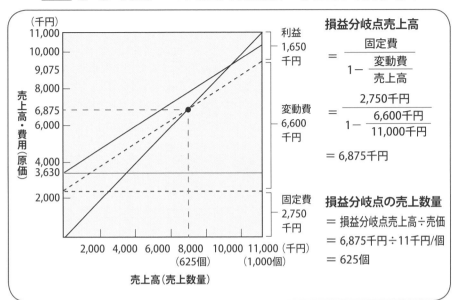

## 図表 ❸-⓯ 製品Xの固定費低減後の損益分岐点図表

損益分岐点売上高

$$= \frac{固定費}{1 - \dfrac{変動費}{売上高}}$$

$$= \frac{2,750千円}{1 - \dfrac{6,600千円}{11,000千円}}$$

$$= 6,875千円$$

**損益分岐点の売上数量**
$$= 損益分岐点売上高 \div 売価$$
$$= 6,875千円 \div 11千円/個$$
$$= 625個$$

固定費の**変動費化**には、次のような例があります。

●運賃の雇車契約を月極め契約から回数契約にする。

●倉庫の賃借料を月極め契約から荷動き回数契約や在庫量契約にする。

●設備を買い取りではなくリースにする。

　　︙

　平成24年度発行『中小企業実態基本調査に基づく経営・原価指標』の結果を整理してみました。産業別の各比率を比べてみてください。

## 図表 ❸-⓰ 産業別の変動費率、固定費率、限界利益率

| 産業 | 変動費率(%)<br>(変動費÷売上高) | 固定費率(%)<br>(固定費÷売上高) | 限界利益率(%)<br>(限界利益÷売上高) |
|---|---|---|---|
| 全産業平均 | 62.2 | 35.8 | 37.8 |
| 建設業平均 | 63.5 | 35.6 | 36.5 |
| 製造業平均 | 58.4 | 39.1 | 41.6 |
| 情報通信業平均 | 34.4 | 62.5 | 65.6 |
| 輸送業平均 | 32.2 | 65.5 | 67.8 |
| 卸売業平均 | 82.6 | 16.0 | 17.4 |
| 小売業平均 | 79.4 | 18.7 | 20.6 |

平成24年度発行『中小企業実態基本調査に基づく経営・原価指標』より作成

# 2つの案の優劣が等しくなる
# 点が**優劣分岐点**

●変動費と固定費の違う案の比較では、操業度によりお得な案が異なってくる。

## ❖どちらのコピー機を導入するか

ME社の総務部では新しいコピー機の導入を検討しています。A社のコピー機は賃借料が1か月で100千円、コピー枚数に比例する変動費が1枚当たり15円です。一方、B社のコピー機は賃借料が120千円するかわりに、1枚当たりの変動費は13円ですみます。

ふみさん、コピー枚数が約5,000枚のときA社とB社のどちらコピー機を導入する？

❖実桜

コピー枚数が約5,000枚のとき、変動費と固定費の合計が安いほうにします。

♥ふみ

具体的に計算してみましょうか。

❖実桜

コピー枚数が5,000枚のとき、A社の総費用は175,000円、B社は185,000円なので、A社がお得です。

A社 ＝ 変動費単価 × コピー枚数 ＋ 固定費
　　 ＝ 15円/枚 × 5,000枚 ＋ 100,000円 ＝ 175,000円
B社 ＝ 13円/枚 × 5,000枚 ＋ 120,000円 ＝ 185,000円

## ❖操業度により優劣が逆になる

しかし、変動費はB社が安いので、コピー枚数が増えれば逆転することになります。2つの案の優劣が等しくなるコピー枚数(操業度)を**優劣分岐点**と言い、**"固定費の違い"を"変動費の違い"で割り算すると求まります。** 固定費の違いは20,000円(120,000－100,000)、変動費の違いは2円/枚(15－13)なので優劣分岐点は10,000枚(20,000円÷2円/枚)です。

### 図表 ❸-⓱ 優劣分岐点

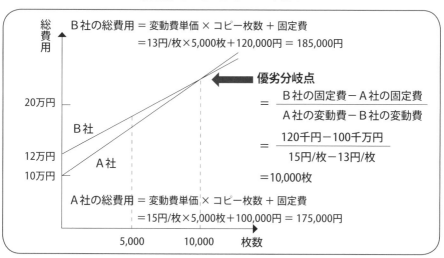

今後、コピー枚数が10,000枚を超える可能性があれば、B社がお得になります。

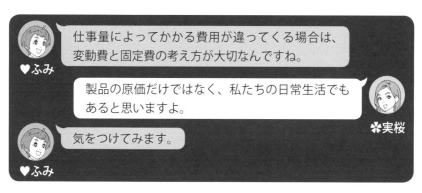

ふみ：仕事量によってかかる費用が違ってくる場合は、変動費と固定費の考え方が大切なんですね。

実桜：製品の原価だけではなく、私たちの日常生活でもあると思いますよ。

ふみ：気をつけてみます。

## ❖すでに導入済みのコピー機はどちらが得か

　ＭＥ社の経営企画部では、コピー機を使う人が多いので、Ａ社とＢ社の２台を借りて使用しています。あるとき、1,000枚のコピーをとることになりました。どちらのコピーを使うのがお得でしょうか。なお、経営企画部での月間の総コピー枚数は約10,000枚です。

### 図表 ❸-⓲ 賃借料とコピー料金の比較

|  | 賃借料 | コピー料金 |
|---|---|---|
| Ａ社 | 100,000円/月 | 15円/枚 |
| Ｂ社 | 120,000円/月 | 13円/枚 |

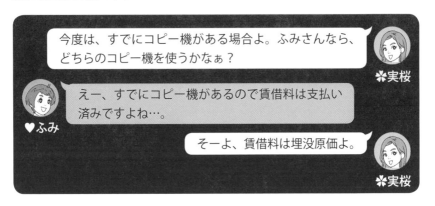

今度は、すでにコピー機がある場合よ。ふみさんなら、どちらのコピー機を使うかなぁ？
❖実桜

えー、すでにコピー機があるので賃借料は支払い済みですよね…。
♥ふみ

そーよ、賃借料は埋没原価よ。
❖実桜

　２台のコピー機の賃借料は埋没原価なので、意思決定には差額原価を考えます。Ａ社で1,000枚コピーすると15,000円、Ｂ社では13,000円かか

### 図表 ❸-⓳ コピー料金の比較

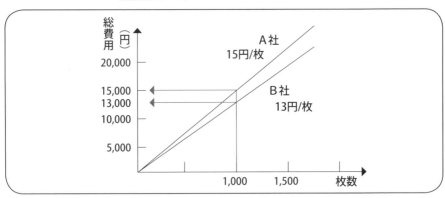

るので、差額は2,000円になるのでB社でコピーします。

## ❖新しいコピー機を導入するか

　ＭＥ社の製造部では、月間の総コピー枚数が少ないため、すでにＡ社を設置していました。ところが、この部署の業務内容が変更になったために、コピー枚数が大幅に増加することになりました。Ａ社の契約期間は大分残っていて、当面解約できません。

3 章 損益分岐点分析と優劣分岐点分析から始めよう

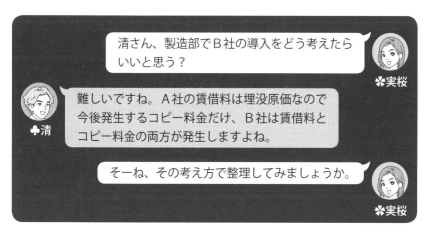

> 清さん、製造部でＢ社の導入をどう考えたらいいと思う？
> ❀実桜

> 難しいですね。Ａ社の賃借料は埋没原価なので今後発生するコピー料金だけ、Ｂ社は賃借料とコピー料金の両方が発生しますよね。
> ♣清

> そーね、その考え方で整理してみましょうか。
> ❀実桜

　Ａ社の総費用は15円/枚×コピー枚数、Ｂ社は13円/枚×コピー枚数＋賃借料です。優劣分岐点を求めると60,000枚になるので、コピー枚数が60,000より多いときはＢ社がお得になります。

### 図表 ❸-❷⓪ コピー料金の比較

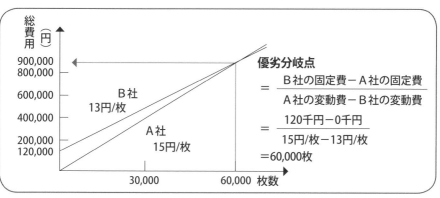

優劣分岐点

$$= \frac{\text{B社の固定費}-\text{A社の固定費}}{\text{A社の変動費}-\text{B社の変動費}}$$

$$= \frac{120千円-0千円}{15円/枚-13円/枚}$$

$$=60,000枚$$

# 第4章

# 意思決定の基礎知識

# これを押さえれば失敗しない
# 意思決定の原則

●意思決定を外さないために押さえるべき４つの項目（意思決定の原則）を整理する。

## ❖意思決定の目的、代替案を整理する

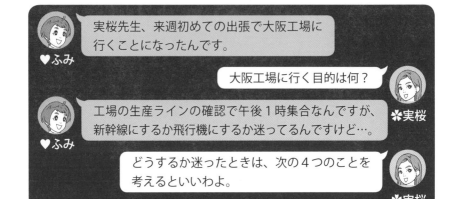

**意思決定に迷ったときは、次の４項目をチェックすると意思決定がスムーズにできます。** これらを意思決定の原則と言います。

### ①目的は明確になっているか

目的が明確でないと意思決定できません。目的がはっきりしていないなら、何が問題なのか、何に困っているのかを考えてみることです。ここでは、工場調査のために**午後１時までに大阪工場**に行くことを目的とします。

### ②代替案はリストアップしたか

東京から大阪へ移動するには、**飛行機、新幹線、高速バス**などいくつかの方法（代替案）があります。頭を柔らかくして、常識にとらわれず、どんな方法があるかを考えてみることが大切です。

68

### ③代替案を比べる範囲は明らかか

　代替案を比べる範囲は、どこからどこまでを考えればよいかを明らかにします。たとえば、**出発点は東京にある自宅で終点は大阪工場**で工場調査を実施することです。

## ❖変わるところとこれから発生するお金を考える

### ④代替案で何が違うか

　意思決定は代替案の違いを比べてよい案を決めることです。何がよい案かの判断基準は①の目的によって異なりますが、代替案に違いがなければどの案に決めても同じです。

　東京から大阪工場への移動では、時間、旅費、事故による遅延、移動の疲労度などが違いになります。代替案の違いは、**増分原価、差額原価**を計算すれば比較できます。つまり、これから発生する費用や収益だけを計算すればよいのです。

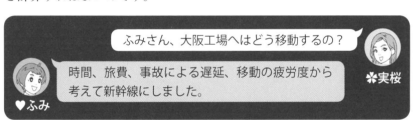

> ふみさん、大阪工場へはどう移動するの？
>
> 時間、旅費、事故による遅延、移動の疲労度から考えて新幹線にしました。
>
> ♥ふみ　　❖実桜

## 図表 ❹-❶ 意思決定に必要な４項目

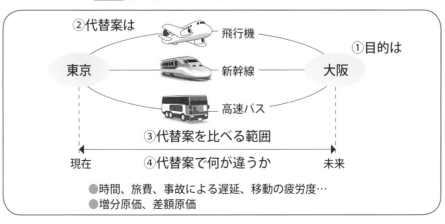

②代替案は　　飛行機　　①目的は

東京　　新幹線　　大阪

高速バス

③代替案を比べる範囲

現在　　④代替案で何が違うか　　未来

- 時間、旅費、事故による遅延、移動の疲労度…
- 増分原価、差額原価

## ❖意思決定の原則を適用しよう

ふみさん、大阪工場はどうだった？

それが、実桜先生に教えてもらった**意思決定の4項目**が役に立ったんです…。

✿実桜

♥ふみ

　大阪工場では、現在使っている小型設備では小さすぎるので、大型設備に取り替えようと計画しています。一方、近くにある神戸工場では、ちょうど小型設備が必要なので、大阪工場の小型設備を神戸工場に移すか、それとも大阪工場の小型設備を売却し、神戸工場で新しい小型設備を購入するかを検討しています。

　大阪工場の小型設備の簿価は10,000千円、これを売却すれば処分価格は7,000千円、神戸工場で新しい小型設備を購入すれば25,000千円かかります。また、大阪工場の小型設備を神戸工場に移すには、工事、修理などで5,000千円ほどかかりますが、修理により小型設備の寿命が10年間延びます。新しい小型設備の寿命もほぼ10年間と見込まれます。修理した小型設備の運転費用は、新しい小型設備に比べると効率が劣るので年間で2,000千円ほど高くなると見込まれています。

　**意思決定の原則**で4項目を整理してみましょう。

①**目的**

●神戸工場で新しい小型設備を導入する

②**代替案**

●代替案1　大阪工場の小型設備を神戸工場へ移設

●代替案2　大阪工場の小型設備を売却し、神戸工場で小型設備を購入

③**代替案を比べる範囲**

●小型設備の移転費用（工事、修理、移転）

●小型設備導入に関する費用・収益（小型設備の売却、購入）

●10年間の運転費用

## ❖代替案の比較表を作成する

### ④代替案の違い

　今後発生する費用・収益を代替案ごとにまとめます。代替案1では、工事、修理、移設で5,000千円の費用が発生します。代替案2では、大阪工場の小型設備を売却で7,000千円の収益、神戸工場で小型設備の購入で25,000千円の費用が発生します。ここまでが、小型設備の移設と導入に関する費用・収益になります。

　次に10年間の運転費用を比べると、代替案1に比べて代替案2が20,000千円（2,000千円/年×10年間）節約できます。これらの結果より、代替案2のほうが7,000千円の得になるので、「大阪工場の小型設備を売却し、神戸工場で小型設備を購入する」案に決定します。

### 図表 4-2 代替案の比較表

| 比較の対象／これから発生する費用・収益 | 代替案1 大阪工場の小型設備を神戸工場へ移設 | | 代替案2 大阪工場の小型設備を売却し、神戸工場で小型設備を購入 | |
|---|---|---|---|---|
| 工事、修理、移転 | 5,000千円 | − | | |
| 大阪工場の小型設備を売却 | | | 7,000千円 | ＋ |
| 神戸工場で小型設備を購入 | | | 25,000千円 | − |
| 運転費用 | | | 20,000千円 (2,000千円×10年) | ＋ |
| 計 | 5,000千円 | − | 2,000千円 | ＋ |

★小型設備を購入したほうが、7,000千円の得

　大阪工場の小型設備の簿価10,000千円は、埋没原価なので代替案を比べる範囲から外します。

# 絶対額と効率（利益率）の どちらを判断指標とするか

●意思決定には、答えを１つ選ぶケースといくつ選んでもよいケースがある。よい 案を選ぶにはケースにより判断指標を使い分けることである。

## ❖代替案には大きく２つの種類がある

意思決定は目的を明確にすることから始めて代替案を検討し、代替案 の違いを比べて判断します。

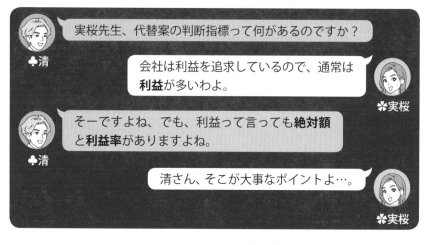

清：実桜先生、代替案の判断指標って何があるのですか？

実桜：会社は利益を追求しているので、通常は**利益**が多いわよ。

清：そーですよね、でも、利益って言っても**絶対額**と**利益率**がありますよね。

実桜：清さん、そこが大事なポイントよ…。

### ①排反案とは

代替案から最も有利な案を１つ選ぶケースが**排反案**です。２つ以上のことが同時に起こらない、または一方の状態が起これば、ほかの状態は起こりえないケースを**排反**と言います。

### ②独立案とは

代替案がお互い干渉しないので有利な代替案を自由に組み合わせて選

---

**ミニ知識**

利益の絶対額と利益率のどちらを判断指標にするかは、代替案のケースにより異なります。代替案には、大きく**排反案**と**独立案**の２種類があります。

ぶことができるケースが**独立案**です。たとえば、賞与で自家用車、家電製品、旅行など自分で判断して購入するケースです。独立案では、1つの案を選んでもほかの案がまだ選ばれる可能性があります。

## ❖代替案を判断する指標を選択する

代替案の種類ごとによい案を選択する指標は異なります。

### ①排反案の判断指標

先の大阪工場の小型設備のケースは、代替案1「小型設備を神戸工場に移設する」、代替案2「小型設備を売却し、神戸工場で小型設備を購入する」のどちらかしか選べないので排反案です。**排反案では、選択肢が1つなのでお金の絶対額が判断指標になります。**

### ②独立案の判断指標

独立案の選択は、**得られる効果を最大化するために利益率などの効率が重要なポイント**になります。効率の高い順に独立案を選択することによって、効果の最大化を図ることができます。

### 図表 ❹-❸ 代替案の選択指標

| 代替案の種類 | 指標 | 指標の例 |
|---|---|---|
| 排反案 | 絶対額 | 利益が一番大きい案を選ぶ |
| 排反案 | 絶対額 | 売上が一番大きい案を選ぶ |
| 排反案 | 絶対額 | 原価が一番小さい案を選ぶ |
| 独立案 | 効率 | 売上高に対する利益率の大きい案を選ぶ |
| 独立案 | 効率 | 投下資本に対する利益率の大きい案を選ぶ |
| 独立案 | 効率 | 原価の低減率が大きい案を選ぶ |

排反案、独立案以外に排反案と独立案が混ざっているケースを**混合案**と言います。混合案については82〜85ページで説明します。

# 答えが１つしか選べない**排反案**は **絶対額**が判断指標になる

●排反案には２つのパターンがある。いずれのパターンもお金の絶対額を比較して最もよい案を選択する。

## ❖サービス担当者を何人採用するのが最もよいか

　代替案から最もよい案を１つ選ぶ**排反案**では、利益などお金の**絶対額**を判断指標にします。代替案に投資が必要なケースでは、収入と支出のお金の流れ（**キャッシュフロー：ＣＦ**）で計算した利益の大きい代替案を選びます。

♥ふみ　実桜先生、大阪工場の営業部では製品のサービスを担当する人を採用する計画を立てていましたよ。

どうやって、採用人数を決めたか教えてくれる。

❖実桜

　大阪工場の営業部門では、製品の保守・点検などのサービス担当者の採用を計画しています。採用人数別の１か月の営業利益を見ると、採用人数を増やせば営業利益の金額は大きくなる傾向にあります。ただし、

## 図表 ❹-❹ 採用人数と１か月の営業利益

| 代替案 | 採用人数 | １か月の営業利益 |
|---|---|---|
| Ａ案 | 1人 | 600千円 |
| Ｂ案 | 2人 | 850千円 |
| Ｃ案 | 3人 | 1,000千円 |

営業利益とは、サービスの売上高から部品の購入費、その他の経費を差し引いていますが、サービス担当者の労務費を含んだ金額です。サービス担当者の労務費が180千円/月のとき、あなたならどの代替案を選びますか？

## ❖キャッシュフローで最もよい代替案を選択する

1人当たりの営業利益(営業利益÷人数)で代替案を比べてみると、

A案：　　600千円÷1人＝600千円/人……1番
B案：　　850千円÷2人＝425千円/人……2番
C案：1,000千円÷3人＝333千円/人……3番

となり、A案、B案、C案の順位となります。

ここで、営業利益にはサービス担当者の労務費が含まれていないので、労務費を差し引いた正味利益であるキャッシュフロー(CF＝営業利益－労務費)を比べてみましょう。

A案のCF：　　600千円－180千円×1人＝420千円……3番
B案のCF：　　850千円－180千円×2人＝490千円……1番
C案のCF：1,000千円－180千円×3人＝460千円……2番

となり、B案、C案、A案となります。

1人当たりの営業利益が一番高いA案は、キャッシュフローが一番少ない案なのです。

このように、排反案では効率の指標である1人当たりの営業利益がいくら高くても、**利益の絶対額という見方**をしないと利益を逃してしまうことになるので注意が必要です。

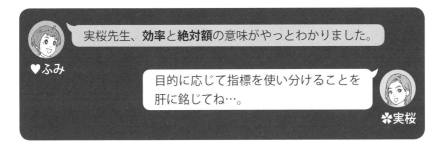

実桜先生、**効率**と**絶対額**の意味がやっとわかりました。

目的に応じて指標を使い分けることを肝に銘じてね…。

♥ふみ

❖実桜

## ❖排反案には２つのパターンがある

　代替案から最も有利な案を１つ選ぶ排反案には、２つのパターンがあります。１つは、大阪工場の小型設備のようにどちらかを選ばなければならないパターンで**完全分離型**と呼ばれます。もう１つは、サービス担当者採用のように、１人採用するか、１人加えて２人にするか、さらに１人加えて３人にするかといったような**追加投資型**のパターンです。

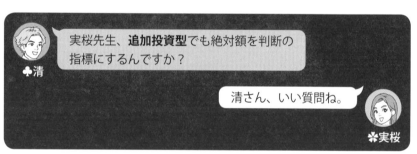

実桜先生、**追加投資型**でも絶対額を判断の指標にするんですか？

♣清

清さん、いい質問ね。

❀実桜

　追加投資型では、追加する投資に対してどのくらいリターン（利益）が増えるかを計算し、**リターンの増加分がそれに必要な投資額を上回っている限り**は、投資すべきと考えます。

---

　　　　リターンの増分 ＞ 投資の増分　……追加投資可

---

## ❖リターンと投資の増分を比較する

　サービス担当者の採用例で検討してみましょう。何もしない案を０案とします。０案からA案追加すると、

　**リターンの増分** ＝ 600千円 － 0円 ＝ 600千円
　**投資の増分**　　 ＝ 180千円

となり、リターンの増分が600千円、投資の増分が180千円となります。これより、投資の増分よりリターンの増分が大きいので、何もしない0案よりも1人採用するA案を選びます。

さらに、A案から1人追加してB案にすると、

**リターンの増分 ＝ 850千円 － 600千円 ＝ 250千円**

**投資の増分　　＝ 180千円**

となり、リターンの増分(250千円)が投資の増分(180千円)より大きいので追加投資可となりB案を選びます。

同じようにB案に1人追加するC案を計算すると、リターンの増分(150千円)が投資の増分(180千円)より小さくなってしまいます。これは、B案に1人追加採用しても投資の増分だけリターンが望めないので、C案は採用できません。この結果、2人採用するB案が最も有利であることが確かめられます。

## 図表 ④-⑤ 追加投資型の比較

| 代替案 | 内容 | リターンの増分 | 判定 | 投資の増分 |
|---|---|---|---|---|
| 0案 | 何もしない | ― | ― | ― |
| A案 | 営業利益：600千円<br>採用人数：1人 | A案－0案<br>600－0＝600 | ＞ | A案－0案<br>180－0＝180 |
| B案 | 営業利益：850千円<br>採用人数：2人 | B案－A案<br>850－600＝250 | ＞ | B案－A案<br>360－180＝180 |
| C案 | 営業利益：1,000千円<br>採用人数：3人 | C案－B案<br>1,000－850＝150 | ＜ | C案－B案<br>540－360＝180 |

このように、人員などの追加できる経営資源を1単位追加する投資の増分とリターンの増分を比べて選択する方法を**追加利益率法**と呼びます。

# 複数の答えが選べる**独立案**は
# **効率**が判断指標になる

●独立案を選択する順番は、右下がり・右上がりの原則を適用すると明確になる。

## ❖効率指標は「意思決定の目的÷制約条件」で考える

　代替案の相互関係が独立で全部選択してもよい独立案の選択では、効率指標が力を発揮します。**効率指標は、分子を意思決定の目的、分母を制約条件として考えます。**

♣清
実桜先生、先日経営企画部内で投資案の会議があったんですが、いろいろな意見が出て、もめてしまいました。

どんな投資案か教えてくれる。

❀実桜

　ME社の経営企画部では、各工場からの提出された代替案を検討しています。代替案は3つの独立案で、投資額、1年間の売上、利益、投資利益率がわかっています。投資利益率の分子は利益、分母は投資額です。投資に必要な資金は、5,000千円までは年利10%で、更に5,000千円までは年利20%で調達できます。

### 図表 ❹-❻ 独立案の比較

| 代替案 | 投資額 ① | 1年間の売上 ② | 利益 ③＝②ー① | 投資利益率 ④＝③÷① |
|---|---|---|---|---|
| A案 | 2,000千円 | 2,700千円 | 700千円 | 35% |
| B案 | 3,000千円 | 3,750千円 | 750千円 | 25% |
| C案 | 5,000千円 | 5,800千円 | 800千円 | 16% |

あなたなら、どのような順番で投資を決定しますか？

## ❖経営企画部の意思決定は正しいか？

経営企画部の会議では、次のような発言がありました。

「年20％の金利はずいぶんと高いですが、我々はもっと歩のよい投資案があるので、資金調達しても投資を進めるべきではないでしょうか。たとえば、年利10％で資金5,000千円を調達しC案に投資します。さらに、年利20％で資金5,000千円を調達しA案とB案に投資します。このようにすれば、すべての案を実行できるので利益が750千円で最も大きくなるはずです…」

**3つの案からの利益**：700 ＋ 750 ＋ 800 ＝ 2,250千円
**支払う利息**：5,000 × 0.1 ＋ 5,000 × 0.2 ＝ 1,500千円

750千円の正味利益

**♣清** 実桜先生、この考え方って正しいですか？ 判断指標として投資利益率があるので、利益率の高い順に投資したほうがよいと思うんですけど…。

独立案の選択では、右下がり・右上がりの原則を使うといいわよ。
**❀実桜**

## ❖右下がり・右上がりの原則を適用する

目的や制約条件を確認したら、独立案は次の手順で選定します。

〈手順1〉 代替案について 図表 ❹-❻のように効率指標を計算します。そして、横軸に投資額、縦軸に効率指標（投資利益率）をとり効率指標のよい順にグラフ化すると、**右下がりのグラフ**ができます（次ページ 図表 ❹-❼）。

## 図表 ❹-❼ 独立案の選択手順（1）

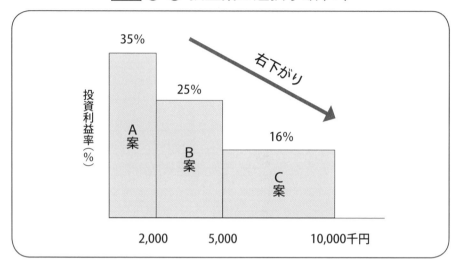

〈手順2〉 投資に必要な資金についてコスト（金利）の安い順に整理し、横軸に調達額、縦軸に金利をとり金利の安い順にグラフ化すると、**右上がり**のグラフができます。

## 図表 ❹-❽ 独立案の選択手順（2）

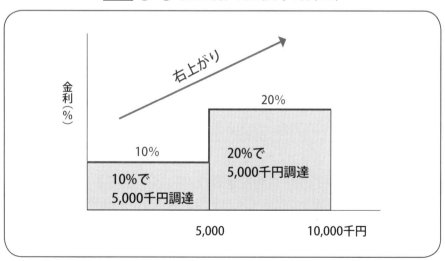

## ❖最適な独立案を意思決定する

〈手順3〉　右下がりのグラフと右上がりのグラフを重ねると投資利益率と金利の線が交わる箇所があります。そこが最適な独立案を指しています。この例では、5,000千円までは投資利益率が金利の線より上にありますが、5,000千円を超すと金利の線が投資利益率よりも上になっています。つまり、金利10％で5,000千円を調達しA案とB案に投資することで950千円の利益を得られます。

### 図表 4-9 独立案の選択手順（3）

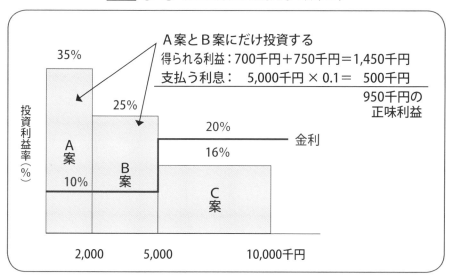

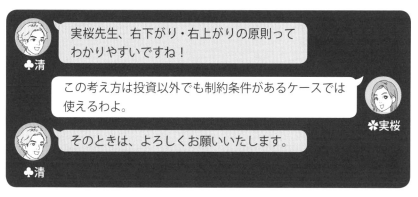

# 排反案と独立案が組み合わさった**混合案**

●社員、製品、お金など会社の限りある資源を会社全体で最適になるように配分するには混合案から選択する。

## ❖身近にある混合案を発掘しよう

排反案と独立案が混ざっているケースが混合案です。

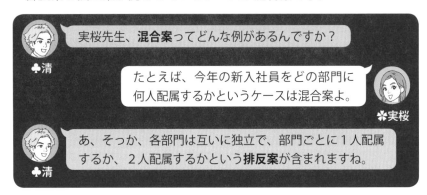

♣清　実桜先生、**混合案**ってどんな例があるんですか？

♣実桜　たとえば、今年の新入社員をどの部門に何人配属するかというケースは混合案よ。

♣清　あ、そっか、各部門は互いに独立で、部門ごとに1人配属するか、2人配属するかという**排反案**が含まれますね。

### 図表 ❹-❿ 混合案の例

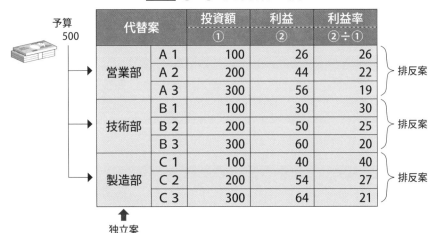

予算 500

| 代替案 | | 投資額<br>① | 利益<br>② | 利益率<br>②÷① | |
|---|---|---|---|---|---|
| 営業部 | A1 | 100 | 26 | 26 | 排反案 |
| | A2 | 200 | 44 | 22 | |
| | A3 | 300 | 56 | 19 | |
| 技術部 | B1 | 100 | 30 | 30 | 排反案 |
| | B2 | 200 | 50 | 25 | |
| | B3 | 300 | 60 | 20 | |
| 製造部 | C1 | 100 | 40 | 40 | 排反案 |
| | C2 | 200 | 54 | 27 | |
| | C3 | 300 | 64 | 21 | |

独立案

このような「新入社員を配属する」「製品在庫を全国の販売店に配分する」「予算を各部門に配分する」など全社的な立場で限りある資源を効率よく配分するには、混合案からの選択が必要になります。

## ❖排反案と独立案のどちらを優先するか

経営企画部では、今期の予算500を営業部、技術部、製造部にどう配分するかを検討しています。各部からは3つの代替案が提出され、投資額、利益、投資に対する利益率がまとまっています。

混合案から代替案を選ぶには、排反案の追加投資型のパターンで述べた追加利益率法 p.77 の考え方を応用します。

# 混合案は**差額（追加）**の**効率**が判断指標になる

●混合案の選択では、すべての代替案を比較する必要がある。そのために追加利益率を計算し、追加利益率の高い順に代替案を選択する。

## ❖代替案ごとに追加利益と追加利益率を求める

　独立案のグループごとに代替案を１つ決めて、その中から効率のよい順に代替案を選ぶやり方では、混合案は選択できません。**混合案では、グループの枠を外して代替案を比較し、効率のよい順番に選択します。そのために追加する投資の増分と利益の増分を比べます。**

　何もしない案に100追加してA1案にすると、利益が26になります。A1案に100追加してA2案にすると利益が18（44−26）増えるので、追加の利益率は18％（18÷100）になります。A2案にさらに100追加してA3案にすると利益は12（56−44）増え、この100がもたらす追加の利益率は12％になります。同じように、すべての代替案について追加利益と追加利益率を求めます。

### 図表 ❹-⓫ 追加投資額と追加利益

| 代替案 | | 投資額<br>① | 利　益<br>② | 利益率<br>②÷① | 追加投資額<br>③ | 追加利益<br>④ | 追加利益率<br>④÷③ |
|---|---|---|---|---|---|---|---|
| 営業部 | A 1 | 100 | 26 | 26% | 100 | 26 | 26% |
| | A 2 | 200 | 44 | 22% | 100 | 18 | 18% |
| | A 3 | 300 | 56 | 19% | 100 | 12 | 12% |
| 技術部 | B 1 | 100 | 30 | 30% | 100 | 30 | 30% |
| | B 2 | 200 | 50 | 25% | 100 | 20 | 20% |
| | B 3 | 300 | 60 | 20% | 100 | 10 | 10% |
| 製造部 | C 1 | 100 | 40 | 40% | 100 | 40 | 40% |
| | C 2 | 200 | 54 | 27% | 100 | 14 | 14% |
| | C 3 | 300 | 64 | 21% | 100 | 10 | 10% |

## ❖混合案は追加利益率の高い順に選択する

　**混合案は、代替案の追加利益率の高い順に選びます。**高いものの1番目は40%のC1案、2番目が30%のB1案、3番目が26%のA1案で、投資額の累計金額は300です。4番目が20%のB2案で累計金額は400、5番目のA2案を選ぶと累計金額が500になります。A案、B案、C案は排反案なので、500の範囲で、それぞれ1つの案しか選択できないとすれば、A2案とB2案が選ばれます。この結果、A2案、B2案、C1案が選択され、利益は134（44+50+40）になります。

### 図表 ❹-⓬ 混合案の選択

| 代替案 | | 追加投資額 ③ | 追加利益 ④ | 追加利益率 ④÷③ | 優先順位 | 投資額 | 投資額累計 |
|---|---|---|---|---|---|---|---|
| 営業部 | A1 | 100 | 26 | 26% | ③ | 100 | 300 |
| | A2 | 100 | 18 | 18% | ⑤ | 100 | 500 |
| | A3 | 100 | 12 | 12% | | | |
| 技術部 | B1 | 100 | 30 | 30% | ② | 100 | 200 |
| | B2 | 100 | 20 | 20% | ④ | 100 | 400 |
| | B3 | 100 | 10 | 10% | | | |
| 製造部 | C1 | 100 | 40 | 40% | ① | 100 | |
| | C2 | 100 | 14 | 14% | | | |
| | C3 | 100 | 10 | 10% | | | |

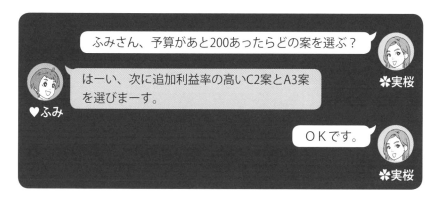

ふみさん、予算があと200あったらどの案を選ぶ？ ❖実桜

はーい、次に追加利益率の高いC2案とA3案を選びまーす。 ♥ふみ

OKです。 ❖実桜

# 回収期間での判断は正しいのか

●投資の回収期間だけで代替案を判断すると利益を取り逃がしてしまうことがある。

## ❖期間回収法の長所と短所は何か

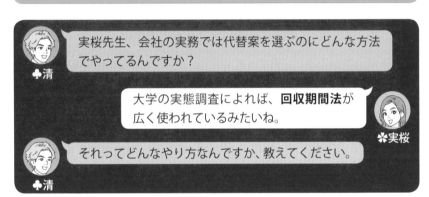

清：実桜先生、会社の実務では代替案を選ぶのにどんな方法でやってるんですか？

実桜：大学の実態調査によれば、**回収期間法**が広く使われているみたいね。

清：それってどんなやり方なんですか、教えてください。

　**回収期間法**は、投資金額を利益（リターン）で割り算して回収期間を計算する方法です。「200万円投資しても毎年50万円の利益があれば4年で元が取れる」と計算し、**回収期間が短いほどよい代替案とします**。期間回収法は、収益性よりも回収期間というスピード性を重視しているので、会社の目的である利益が上がる代替案が選ばれない可能性もあります。

　たとえば、工場に半自動の設備と全自動の設備を導入する代替案で考えてみましょう。

### 図表 ④-⑬ 排反案の選択

| 代替案 | 内容 | 投資額 | 毎年の利益 |
|---|---|---|---|
| A案 | 半自動の設備 | 1,000千円 | 600千円 |
| B案 | 全自動の設備 | 5,000千円 | 1,800千円 |

あなたならA案・B案どちらの案を選びますか?

## ❖期間回収法はいつ使うと効果的か

半自動の設備を導入するA案は投資額が1,000千円で毎年の利益が600千円、全自動の設備を導入するB案は投資額が5,000千円で毎年の利益が1,800千円です。A案とB案は排反案なので利益の絶対額が多いB案を選択します。

期間回収法で投資金額を毎年の利益で回収するとどちらの案が早く回収できるかを計算するとA案が選ばれ、利益を取り逃がしてしまいます。

**A案**：1,000千円 ÷   600千円 = 1.7年
**B案**：5,000千円 ÷ 1,800千円 = 2.8年

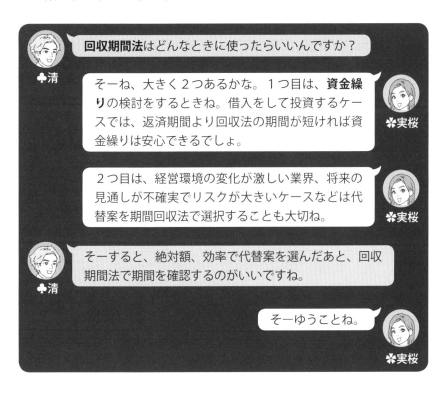

♣清 **回収期間法**はどんなときに使ったらいいんですか？

❀実桜 そーね、大きく2つあるかな。1つ目は、**資金繰りの検討**をするときね。借入をして投資するケースでは、返済期間より回収法の期間が短ければ資金繰りは安心できるでしょ。

❀実桜 2つ目は、経営環境の変化が激しい業界、将来の見通しが不確実でリスクが大きいケースなどは代替案を期間回収法で選択することも大切ね。

♣清 そーすると、絶対額、効率で代替案を選んだあと、回収期間法で期間を確認するのがいいですね。

❀実桜 そーゆうことね。

# お金の流れを表す**キャッシュフロー図**を作成する

●正しい意思決定をするにはキャッシュフロー図でお金の入と出を整理することが大切である。

## ❖キャッシュフロー図を描くルールを整理する

お金の流れであるキャッシュフローを表す図をキャッシュフロー（CF）図と言います。

### 図表 ❹-⓮ キャッシュフロー（CF）図

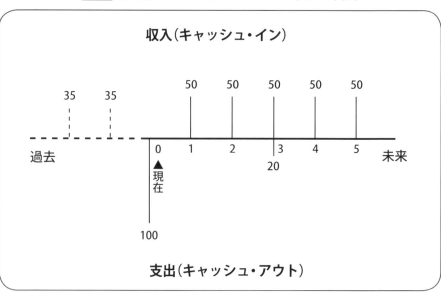

CF図は水平方向（左側から右側）に時間軸をとり、軸に沿って書かれた数字は「期」を表しています。会社の活動は、通常、「1期」は「1年度」であることが多いですが、半年や1か月、あるいは1週間を1期とすることもあります。ただし、**1つのCF図では、「1期」はすべて同じ長さ**

88

**でなければなりません。**

　時間軸の「０期」は第１期の始まりの時点（第１期首）で、現在を表します。そして、１、２、…はそれぞれ１期末、２期末を表します。また、現在より左側にある点線は、過去の状況を表しています。

　上向きの線は各期のＣＦの収入（**キャッシュ・イン**）、下向きの線は支出（**キャッシュ・アウト**）を表します。線の長さはＣＦの大きさを表し、線の先端に数値を表記します。そのときに、正負の符号はつけません。

## ❖キャッシュフロー図を読み解こう

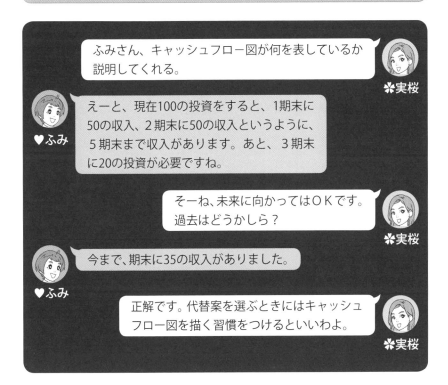

　JIS（日本工業規格）ではキャッシュフロー図を正味額流列（stream of net cash flows）と呼んでいます。

# 在庫を持つ
# 長所と短所は何か

●在庫には長所と短所があるが、全体最適の観点から在庫を活用する戦略を考える
　ことが大切である。

## ❖在庫の種類を定義する

　ＭＥ社では多種多様な製品を扱っています。すべての製品で多くの**在庫**を持てば、お客さまが欲しいときに欲しい数量だけ製品を提供できるので、お客さまは満足するでしょう。しかし、これではＭＥ社は在庫の山となり、在庫維持管理費用も膨大な金額になってしまいます。ここに、在庫とものづくりに関する意思決定が必要になります。

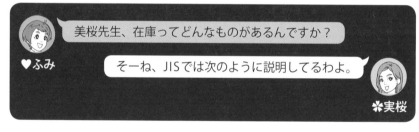

美桜先生、在庫ってどんなものがあるんですか？

♥ふみ

そーね、JISでは次のように説明してるわよ。

✿実桜

　日本工業規格では、在庫について次のように説明しています。

---

①将来の使用・需要に備えて意図的に保有する原材料、仕掛品、半製
　品及び製品。
②システム内のストック、原材料、仕掛品及び完成品の物理的数量。

　　　　　　　　　　　　　　　　　日本工業規格（JIS Z8141）より作成

---

　このように在庫には、原材料、仕掛品、製品（完成品）などの種類がありますが、どのような在庫をいくつ持つかによりその価値は増減します。
　**ＭＥ社のようなものづくりの会社では、製品の生産（供給）と製品の販売（需要）が均衡して、うまく同期が取れているときは在庫も安定して一**

**定に保たれます。**しかし、この均衡が崩れると在庫が増大するか、欠品が発生して出庫が途絶えることになります。

## ❖製品在庫を持つ長所は何か

### 図表 ⑤-❶ 在庫のI/P/Oモデル

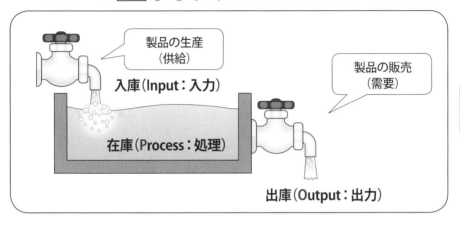

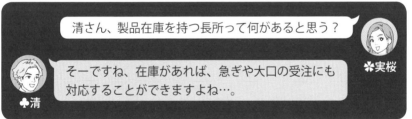

清さん、製品在庫を持つ長所って何があると思う？　❀実桜

そーですね、在庫があれば、急ぎや大口の受注にも対応することができますよね…。　♣清

製品在庫を持つ長所としては、次のようなものがあります。

●季節により需要変動の大きい製品は、繁忙期の需要分を前倒し生産することで工場の負荷を平準化し、無理のない生産を行うことができます。
●災害などによる部品の調達トラブルや自社設備などのトラブルで製品の製造が止まっても在庫があれば市場へ製品を供給できます。

このように、製品在庫を積極的に持つことで、企業は販売機会を逃すことなく、かつ安定的な生産活動を行うことができるのです。

## ❖製品在庫を持つ短所は何か

次は、製品在庫を持つ短所について考えてみましょうか。ふみさん、短所は何があると思う？

❖実桜

♥ふみ

在庫があると管理会計的にはキャッシュフローが悪くなると思います。

製品在庫を持つ短所には、次のようなものがあります。

●在庫があることで顧客の変化や売れ筋の変化に気づかずに対応が遅れ、ビジネススピードが遅くなります。
●在庫があることで設備トラブルや不良などの工場内の問題を隠し余計な仕事を発生させます。
●ＲＯＡ（総資産利益率：Return On Assets）が悪化し、企業価値が低下します。ここで、ＲＯＡは「当期純利益÷総資産」で求めます。

このように製品在庫には長所と短所がありますが、会社全体がよくなる観点から戦略的に在庫を持つことが求められます。

## 図表 ❺-❷ 在庫を持つ長所と短所

| 長所 | 短所 |
|---|---|
| 急な注文、まとまった数の注文にも即納できる | キャッシュフローが減少し財務体質が悪化する |
| 工場の負荷平準により繁忙期の生産を平準化できる | マーケットの動きに鈍感になり、ビジネススピードが遅くなる |
| トラブルがあっても市場に安定供給できる | 在庫が問題を隠し、余計な仕事を生む |
| 販売機会を逃すことなく、かつ安定的な生産活動ができる | ROAが悪化し、企業価値が低下する |

在庫の長所と短所を認識・比較し、会社全体がよくなる観点から戦略的に在庫を持つ

## ❖在庫管理はＡＢＣ分析から始まる

　戦略的に在庫を持つには、ＡＢＣ分析により在庫の対象品目を区分することから始めます。**ＡＢＣ分析は、年間（または月間）の出庫（売上）金額を１品目ごとに算出し、その金額の大きい順に金額累計と品目累計を算出して図表化したものです。**累計金額の80％までがＡグループ、80〜95％がＢグループ、残りをＣグループとして分類します。

### 図表 ❺-❸ ＡＢＣ分析

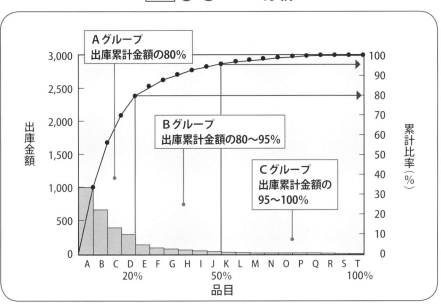

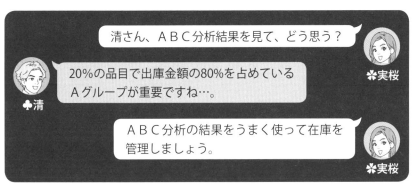

清さん、ＡＢＣ分析結果を見て、どう思う？

❖実桜

20％の品目で出庫金額の80％を占めている
Ａグループが重要ですね…。

♣清

ＡＢＣ分析の結果をうまく使って在庫を
管理しましょう。

❖実桜

# 在庫にかかっている**お金**と **在庫管理**の進め方

●在庫を維持管理するにはいろいろなお金がかかっている。効率的な在庫管理は、発注間隔と発注量により決めることができる。

## ❖在庫を維持管理するお金とは

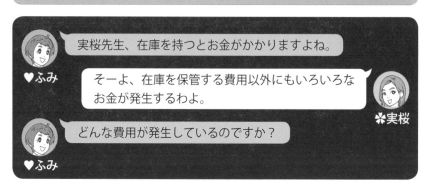

ふみ：実桜先生、在庫を持つとお金がかかりますよね。

実桜：そーよ、在庫を保管する費用以外にもいろいろなお金が発生するわよ。

ふみ：どんな費用が発生しているのですか？

　在庫を維持管理する主な費用は、次の3項目です。

### ①在庫を保管する費用

　在庫品を一定期間保管するための費用で、建物や機械設備、車両器具などの減価償却費、倉庫で働く人の労務費、倉庫の賃

> **ミニ知識**
>
> 　在庫を保有したり維持管理したりするにはお金がかかり、計画どおりに物が売れなければ、**陳腐化**や**劣化**の危険があります。

借料や維持管理する経費などです。在庫を保管する費用を把握するには、自社で発生している費用を規定し、最近1年間の金額を集計します。さらに、項目別の構成比率、前年比を計算して金額が大きい項目や伸び率の高い重点項目を明確にします。

### ②在庫の陳腐化や劣化に対処する費用

　陳腐化は、新製品やモデルチェンジなどにより、在庫品が使用不能になる負担費用です。劣化費用は、製品在庫自体が品質低下し、使用不能

になる負担費用です。

### ③その他の費用

①と②以外の在庫の維持管理費用としては、金利や税金、保険料などがあります。

## ❖在庫の維持管理費率を計算する

ＭＥ社では、東京工場、大阪工場、九州工場で年間の在庫の維持管理費率を求めました。東京工場では、在庫の維持管理費用の合計金額が1年間で117,900千円、大阪工場では108,500千円、九州工場では169,700千円でした。

### 図表 ❺-❹ 在庫維持管理費率（単位：千円）

| 在庫維持項目 | 東京工場 | 大阪工場 | 九州工場 | 備考 |
|---|---|---|---|---|
| 減価償却費 | 3,800 | 1,500 | ― | ① |
| 人件費 | 60,000 | 47,600 | 92,700 | ② |
| 消耗品費 | 3,000 | 30,600 | 18,600 | ③ |
| 金利 | 48,000 | 28,800 | 52,800 | ④ |
| その他 | 3,100 | ― | 5,600 | ⑤ |
| 維持管理費計 | 117,900 | 108,500 | 169,700 | ⑥＝①＋②＋③＋④＋⑤ |
| 在庫金額 | 589,500 | 429,000 | 942,000 | ⑦ |
| 維持管理費率 | 20.0% | 25.3% | 18.0% | ⑧＝⑥÷⑦×100 |

在庫の維持管理費率は次の式で計算します。

> 在庫の維持管理費率＝在庫の維持管理費用の合計÷在庫金額×100

東京工場の在庫の年間維持管理費率は20％（117,900千円÷589,500千円×100）になります。月間の維持管理費率は1.7％（20％÷12）です。

## ❖在庫の管理方式は発注間隔と発注量により決まる

　在庫の管理方式には、発注間隔と発注量の決め方により、**定期発注方式と定量発注方式**の２つの方法があります。

**①定期発注方式**

　**定期発注方式は、１週間、１か月など一定の発注間隔（定期）を定めておいて、発注日ごとに将来の需要量を予測し発注量を計算します。** 発注量は発注ごとに変わるので不定量となります。発注間隔は、すべての在庫品目について一様にするケースとグループ別に異なった間隔にすることもあります。たとえば、金額の特に高い重要品目や需要変動の激しいものは１週間、そうでないものは１か月ごととするなどです。

**②定量発注方式**

　定量発注方式は、在庫切れが生じないように在庫量がある一定の水準（これを**発注点**と呼びます）まで下がると、あらかじめ決められた一定量の発注を行う方式です。**発注する時点を発注点と呼ぶことから、発注点方式とも言います。** 発注点方式においては、品目ごとに発注量と発注点を決めなければなりません。

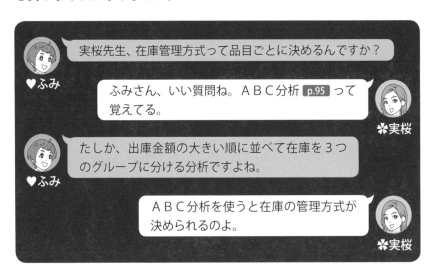

実桜先生、在庫管理方式って品目ごとに決めるんですか？
♥ふみ

ふみさん、いい質問ね。ＡＢＣ分析 p.95 って覚えてる。
❀実桜

たしか、出庫金額の大きい順に並べて在庫を３つのグループに分ける分析ですよね。
♥ふみ

ＡＢＣ分析を使うと在庫の管理方式が決められるのよ。
❀実桜

## ❖在庫管理方式を比較する

　定期発注方式は、発注ごとに必要な発注量を計算し、発注量の増減により在庫量を調整できるので、出庫金額の大きいABC分析のAグループに適用します。この方式は、都度発注量を計算するので需要の変動、仕様の変動にも対応できますが、発注に手間がかかるので在庫の維持管理費用は高くなります。

　一方、**定量発注方式**は、定期発注方式の発注量を予測して計算する必要がなく手間が軽減する管理方式なので、品目数が多く出庫金額の少ないB、Cグループに適用します。さらに、管理の手間のかからない管理方式として、**ダブル・ビン法**があります。この方式は、1つの在庫品目に対してまったく同じ2個の容器X、Yを用意します。在庫品の出庫はXから行い、Xが空になったらYの容器を使用します。そして、この間にXの容器を発注などによって補充する方式でCグループに適用します。

　また、B、Cグループでも「さびが発生しやすい物、なま物、劣化しやすい原材料」「欠品すると工場の生産を停止させてしまう原材料」はAグループと同じ扱いにします。

### 図表 ❺-❺ 在庫管理方式の比較

| 発注方式 | ABC分析 | 発注間隔 | 発注量 | 需要の変動 | 仕様の変動 | 在庫管理費用 |
|---|---|---|---|---|---|---|
| 定期発注方式 | Aグループ | 一定 | 不定量 | あってもよい | あってもよい | 高 |
| 定量発注方式 | BCグループ | 不定 | 一定 | あまりない | あまりない | 中 |
| ダブル・ビン法 | Cグループ | 不定 | 一定 | あまりない | 標準品 | 低 |

## ❖定期発注方式の在庫量を計算する

**定期発注方式は、発注間隔の長短により在庫量が決まるため、発注間隔を長くすれば在庫量が増し、短くすれば在庫量は減少するが管理の手間が増大します。** また、需要量の変動、調達期間(発注日から納入日までの期間)の変動による欠品を防ぐためには**安全在庫**が必要です。定期発注方式での安全在庫は、「発注間隔＋調達期間」における需要量の変動を見込まなければならない。

### ①発注量

定期発注方式の発注量は、品目ごとに次の式で計算します。

発注量＝「発注間隔＋調達期間」の予測需要量＋「発注間隔＋調達期間」
　　　　の安全在庫－(現在の在庫量＋発注残)

### ②在庫量

在庫量は、時系列的に**最大在庫量、基準在庫量、最小在庫量**を推移します。

## 図表 ❺-❻ 定期発注方式の在庫量

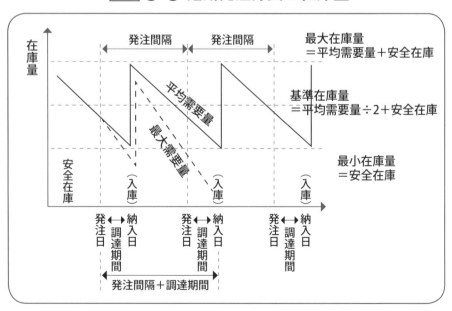

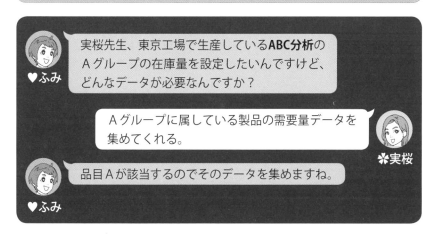

## ❖在庫量の設定する

実桜先生、東京工場で生産している**ABC分析**の
Aグループの在庫量を設定したいんですけど、
どんなデータが必要なんですか？
♥ふみ

Aグループに属している製品の需要量データを
集めてくれる。
❀実桜

品目Aが該当するのでそのデータを集めますね。
♥ふみ

### 図表 ❺-❼ 月別需要量・平均・標準偏差（単位：個数）

| 品目 | 1月 | 2月 | 3月 | 4月 | 5月 | 6月 | 7月 | 8月 | 9月 | 10月 | 11月 | 12月 | 平均 | 標準偏差 |
|---|---|---|---|---|---|---|---|---|---|---|---|---|---|---|
| A | 361 | 347 | 136 | 415 | 249 | 302 | 424 | 367 | 320 | 293 | 335 | 351 | 325 | 73.8 |

**品目Aの需要量の標準偏差**

$$= \sqrt{\frac{（データ-平均）^2 \text{の合計}}{データ数}} = \sqrt{\frac{(361-325)^2 + (347-325)^2 + \cdots + (351-325)^2}{12}}$$

$$= 73.8$$

　品目Aの1年間の月別需要量の計画は、平均値が325、**標準偏差**は73.8となります。ここで、**標準偏差はデータのばらつきを表す指標で、標準偏差の値が小さいとデータの変化が小さく、標準偏差が大きいとデータはバラエティに富んでいることを表します。**標準偏差は、安全在庫の計算に必要なデータです。

　品目Aの「発注間隔＋調達期間」（リードタイム）が1か月のとき、最大在庫量、基準在庫量、最小在庫量を計算してみます。

　平均需要量は、需要量が平均で推移した場合の需要量です。「発注間隔＋調達期間」が1か月なので、平均需要量325個になります。最大在庫

量、基準在庫量、最小在庫量を求めるには**安全在庫**の計算が必要になるので、次に安全在庫を設定します。

## ❖需要変動に対応する安全在庫を設定する

　安全在庫を持つ目的は、予測以上に大きく需要が変動した場合の品切れを未然に防ぐためのものであり、次のように設定します。

**安全在庫 ＝ 安全係数 × $\sqrt{（発注間隔＋調達期間）}$ × 需要量の標準偏差**

### ①安全係数

　安全係数は、**欠品許容率**の範囲を決めれば求まります。欠品許容率を10％（100回に10回の欠品）とすれば安全係数は1.28、欠品許容率を5％とすれば安全係数は1.65、欠品許容率を1％とすれば安全係数は2.33となります。

### 図表 ❺-❽ 欠品許容率と安全係数

| 欠品許容率 | 15.0% | 10.0% | 5.0% | 2.5% | 2.0% | 1.0% |
|---|---|---|---|---|---|---|
| 安全係数 | 1.04 | 1.28 | 1.65 | 1.96 | 2.05 | 2.33 |

### ②需要量の標準偏差

　品目Ａの需要量の標準偏差は73.8です。

### ③安全在庫

　「発注間隔＋調達期間」を1か月とすると需要量の変動を考慮する安全在庫は次の式より121.8となるので、切り上げて122個となります。

**安全在庫 ＝ 安全係数 × $\sqrt{（発注間隔＋調達期間）}$ × 需要量の標準偏差**
$$= 1.65 \times \sqrt{1} \times 73.8$$
$$= 121.8$$

## ❖基準在庫を設定する

　以上の結果より、最大在庫量は447個、基準在庫量は285個、最小在庫量は122個となります。

最大在庫量 ＝ 平均需要量＋安全在庫＝325個＋122個＝447個
基準在庫量 ＝ 平均需要量÷2＋安全在庫
　　　　　　＝ 325個÷2＋122個＝285個（小数点以下切り上げ）
最小在庫量 ＝ 安全在庫＝122個

実桜先生、定期発注方式の在庫量は**需要量と**「**発注間隔＋調達期間**」で決まるんですね。
♥ふみ

そこは重要なポイントよ。たとえば品目Aの「発注間隔＋調達期間」が1か月から0.5か月になったら安全在庫はいくつになると思う？
❀実桜

　品目Aの「発注間隔＋調達期間」が1か月から0.5か月に短縮されると安全在庫は次のように86.1になるので、切り上げて87個になります。

安全在庫 ＝ 安全係数 × $\sqrt{（発注間隔＋調達期間）}$ × 需要量の標準偏差
　　　　　＝1.65 × $\sqrt{0.5}$ × 73.8
　　　　　＝86.1

　「発注間隔＋調達期間」が1か月の安全在庫は122個、0.5か月では87個なので35個削減できます。**このように在庫を削減するには「発注間隔＋調達期間」を短縮することが大切です。**

# 最も得になる
# 発注量を求めてみよう

●在庫の維持管理費用と発注費用の合計金額を最も小さくする発注量を求めよう。

## ❖発注量が一定な定量発注とは

　定期発注方式は、発注間隔の長短により在庫量が決まります。一方、**定量発注方式**は、**発注量の大きさにより在庫量が変動**します。

♣清　実桜先生、**定量発注方式**の発注量ってどう決めたらいいんですか？

発注量が変わると影響するお金を考えてみたらどうかな。　✿実桜

　定量発注方式で1回の発注量を大きくすると、在庫量が増え、在庫される期間が長くかかるために在庫を維持管理する費用が増大します。しかし、発注回数は減るので、発注にかかる労務費や経費などの費用は少なくなります。一方、1回の発注量を小さくすると、在庫の維持管理費用は少なくなりますが発注回数が多くなり、発注費用は増大します。

　ここで、**在庫の維持管理費用**と**発注費用**は次のように計算します。

---

在庫の維持管理費用 ＝ 製造原価/個 × 在庫の維持管理費率
　　　　　　　　　× 平均在庫量（発注量÷2）

発注費用 ＝ 1回当たりの発注費用 × 発注回数（消費量÷発注量）

総費用 ＝ 在庫の維持管理費用＋発注費用

---

さらに、在庫の維持管理費用と発注費用の合計を**総費用**とします。

在庫品目ごとに総費用を最小にするには、品目のコストダウン、在庫の維持管理費率低減、発注量の見直しなどの施策があります。そこで、製造原価と在庫の維持管理費率が一定のとき、総費用を最小にする発注量を求めてみましょう。

## ❖経済発注量とは何か

**在庫の維持管理費用と発注費用を合計した総費用が最も小さくなる発注量**を経済発注量（EOQ：Economic Ordering Quantity）と言います。

横軸に発注量（発注ロットサイズ）、縦軸に費用をとり、在庫の維持管理費用と発注費用をプロットします。在庫の維持管理費用は、発注量が大きくなれば在庫量が大きくなるので増大します。また、発注費用は発注量が大きくなれば発注回数が減るので少なくなります。

発注回数は、年間の消費量（必要数）を発注量で割り算して求めます。

### 図表 ❺-❾ 経済発注量

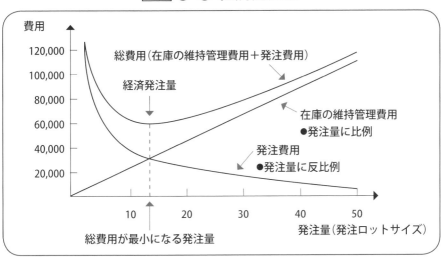

## ❖発注量ごとに総費用を求めてみよう

ＭＥ社の東京工場で製造している品目ＢＢは、年間の消費量が4,000個で製造原価が10,000円、在庫の維持管理費率0.2(20％)、1回当たりの発注費用は5,000円です。

発注量が変わると総費用がいくらになるか計算してみましょう。

発注量が10個の場合は、在庫の維持管理費用は10,000円、発注費用は2,000,000円、総費用は2,010,000円になります。

在庫の維持管理費用 ＝ 製造原価/個 × 在庫の維持管理費率
　　　　　　　　　　× 平均在庫量(発注量÷2)
　　　　　　　　＝ 10,000円/個 × 0.2 × 5(10÷2)個
　　　　　　　　＝ 10,000円

発注費用 ＝ 1回当たりの発注費用 × 発注回数(消費量÷発注量)
　　　　＝ 5,000円/回 × 400回(4,000個÷10個/回)
　　　　＝2,000,000円

総費用 ＝ 在庫の維持管理費用 ＋ 発注費用
　　　＝ 2,010,000円

### 図表 ❺-❿ 品目ＢＢの発注量ごとの総費用

| 発注量<br>(個) | 平均在庫量<br>(個) | 維持管理費用<br>(円) | 発注回数<br>(回) | 発注費用<br>(円) | 総費用<br>(円) |
|---:|---:|---:|---:|---:|---:|
| 10 | 5 | 10,000 | 400 | 2,000,000 | 2,010,000 |
| 100 | 50 | 100,000 | 40 | 200,000 | 300,000 |
| 1,000 | 500 | 1,000,000 | 4 | 20,000 | 1,020,000 |
| 2,000 | 1,000 | 2,000,000 | 2 | 10,000 | 2,010,000 |
| 4,000 | 2,000 | 4,000,000 | 1 | 5,000 | 4,005,000 |

発注量が100個では総費用が300,000円、1,000個では1,020,000個、4,000個では4,005,000円になり、総費用は10倍(4,005,000÷300,000)以上の違いがあります。

## ❖総費用が一番安くなる発注量を求めよう

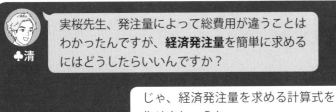

♣清 実桜先生、発注量によって総費用が違うことはわかったんですが、**経済発注量**を簡単に求めるにはどうしたらいいんですか？

じゃ、経済発注量を求める計算式を作りましょうか。

❖実桜

　総費用は、在庫の維持管理費用と発注費用の合計なので、次の式で計算できます。

**総費用 ＝ 製造原価/個 × 在庫の維持管理費率 × 平均在庫量（発注量÷2）**
**＋1回当たりの発注費用 × 発注回数（消費量÷発注量）**

　ここで、総費用を最小にする発注量は、詳細は省略しますが総費用の計算式を発注量で微分することで求まります。

$$\frac{製造原価/個 × 在庫の維持管理費率}{2} - \frac{1回当たり発注費用 × 消費量}{発注量^2} = 0$$

　これより、経済発注量を求める計算式は、次のようになります。

$$経済発注量（EOQ） = \sqrt{\frac{2 × 1回当たりの発注費用 × 消費量}{製造原価/個 × 在庫の維持管理費率}}$$

　具体的に品目BBの経済発注量を計算すると、142個が求まります。

$$経済発注量 = \sqrt{\frac{2 × 5,000円 × 4,000個}{10,000円 × 0.2}}$$

$$= 142（個）（小数点以下切り上げ）$$

# 在庫低減の効果を算定する

●会社全体の在庫低減効果は財務諸表で算定できる。製品別や部品別など個別の効果算定には在庫の維持管理費率が必要である。

## ❖財務諸表で在庫金額を確認する

**ふみ**
実桜先生、会社全体の在庫が多いか、少ないかはどうやって判断するのですか？

在庫が多いか少ないかは売上との関係で決まるのよ。ふみさん、在庫金額は何を見ればわかる？

**❖実桜**

**ふみ**
えーと、**貸借対照表**に載ってまーす。

### 図表 ❺-⓫ ME社の貸借対照表と損益計算書

 貸借対照表の左側
お金の運用

 貸借対照表の右側
お金の調達

貸借対照表（令和○年○月○日現在）
単位：千円

| 資産 | | 負債（借入資金） | |
|---|---|---|---|
| 流動資産 | | 流動負債 | |
| 　現金預金 | 8,640,000 | 　支払手形 | 2,800,000 |
| 　受取手形 | 3,250,000 | 　買掛金 | 2,100,000 |
| 　売掛金 | 3,750,000 | 　借入金 | 8,800,000 |
| 　原料・材料 | 700,000 | 固定負債 | |
| 　半製品・仕掛品 | 35,000 | 　長期借入金 | 7,000,000 |
| 　製品 | 25,000 | | |
| 固定資産 | | 純資産（自己資金） | |
| 　建物 | 9,000,000 | 　資本金 | 8,000,000 |
| 　機械設備 | 9,600,000 | 　剰余金 | 6,300,000 |
| 資産計 | 35,000,000 | 負債・純資産計 | 35,000,000 |

◯ 在庫の金額（棚卸資産とも言う）

損益計算書（令和○年○月○日～令和○年○月○日）
単位：千円

| | | |
|---|---|---|
| 売上高 | | 35,000,000 |
| 売上原価 | | |
| 　期首製品棚卸高 | 25,000 | |
| 　当期製品製造原価 | 24,500,000 | |
| 　計 | 24,525,000 | |
| 　期末製品棚卸高 | 25,000 | 24,500,000 |
| 　売上総利益 | | 10,500,000 |
| 販売費及び一般管理費 | | |
| 　給料 | 3,500,000 | |
| 　賞与 | 700,000 | |
| 　福利厚生費 | 400,000 | |
| 　梱包材料費 | 2,100,000 | |
| 　広告宣伝費 | 400,000 | |
| 　賃借料 | 1,400,000 | |
| 　減価償却費 | 200,000 | |
| 　その他 | 700,000 | 9,400,000 |
| 　　営業利益 | | 1,100,000 |
| 営業外収益 | | 500,000 |
| 営業外費用 | | 100,000 |
| 　経常利益 | | 1,500,000 |

貸借対照表（B／S：Balance Sheet）は、**会社が「お金をどのように調達したか」と「調達したお金をどのように使ったか」**をまとめたものです。また、**お金の出入りによりどれだけ儲けたかは**、損益計算書（P／L：Profit & Loss statement）にまとめます。

## ❖棚卸資産回転期間を求める

　貸借対照表の右側は、会社がお金をどのように調達しているかを示します。貸借対照表の左側には、調達したお金の運用を示す資産が計上されます。会社は調達したお金を元手にして、材料の仕入れ代、給料、電気、ガス代などを支払います。その中で、すでに製品を作るために使ったものは損益計算書に費用として計算されますが、まだ使わずに残っているものは資産（在庫）となります。それが、流動資産の中の原料・材料700,000千円、半製品・仕掛品35,000千円、製品25,000千円などの金額で棚卸資産とも呼ばれます。

　損益計算書は、**会社の一定期間（通常は1年間）の収入と費用、利益についてまとめたもの**で、1年間の売上高35,000,000千円が最初にでてきます。

　棚卸資産回転期間は、売上に対する平均的な在庫期間を表すので、数値が小さいほどよいことになります。

> **用語**
> 棚卸資産回転期間…**売上高**に対する**棚卸資産**の割合。

$$棚卸資産回転期間（日） = \frac{棚卸資産}{売上高} \times 365$$

$$= \frac{700,000+35,000+25,000}{35,000,000} \times 365$$

$$= 7.9$$

　ＭＥ社の在庫回転期間は7.9日ですが、平成27年度調査の「中小企実態基本調査に基づく中小企業の財務指標」によると、全産業平均26.9日、建設業27.7日、製造業37.4日、卸売業19.3日、小売業28.7日と報告されています。

## ❖卸売業と小売業では交叉比率を求める

棚卸資産回転期間以外にも、在庫に関係する
指標ってあるんですか？

♥ふみ

業種が卸売業や小売業に特定されるけど、
**交叉比率**があるわよ。

❀実桜

　交叉比率は特に**卸売業、小売業で重要視されている比率**で、商品への在庫投資がどれだけの売上総利益（粗利益）を上げているかを示し、数値が大きいほどよいことになります。

$$交叉比率（\%）= \frac{売上総利益}{棚卸資産} \times 100$$

　平成27年度調査の「中小企実態基本調査に基づく中小企業の財務指標」によると、卸売業は279.5、小売業は377.5です。

　交叉比率の改善は、**売上高総利益率と棚卸資産回転率に分解して検討**します。

**交叉比率 = 売上高総利益率 × 棚卸資産回転率**

$$\frac{売上総利益}{棚卸資産} = \frac{売上総利益}{売上高} \times \frac{売上高}{棚卸資産}$$

　卸売業と小売業を比べると、交叉比率は小売業がよいですが、それは

### 図表 ❺-⓬ 卸売業と小売業の交叉比率分解

| 産業 | 交叉比率 | 売上高総利益率 | 棚卸資産回転率 |
|------|---------|--------------|--------------|
| 卸売業 | 279.5% | 14.8% | 18.89% |
| 小売業 | 377.5% | 29.6% | 12.75% |

平成27年度調査の「中小企実態基本調査に基づく中小企業の財務指標」より作成

110

売上高総利益率がよいからです。棚卸回転率は、卸売業がよいので小売業は卸売業より棚卸資産（在庫）の割合が大きいことがわかります。

## ❖製品・仕掛品・部品など個別の在庫低減効果を計算する

在庫を低減した効果は、決算書の数字を使う財務指標では、棚卸資産回転期間、棚卸資産回転率、交叉比率などに表れます。

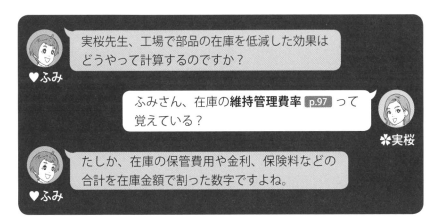

ＭＥ社の東京工場では、1個1,000円の部品を年間で200個低減しました。在庫を減らすことで変わるには、保管場所が小さくなる、借入金がある会社では金利の削減など在庫の維持管理費用です。東京工場の在庫の維持管理費率は20％なので、在庫低減の効果金額は次の式で計算できます。

> 在庫低減効果 ＝ 部品単価 × 低減在庫量 × 在庫の維持管理費率
> ＝ 1,000円 × 200個 × 20％
> ＝ 40,000円

# 需要（負荷）と**供給**（能力）に よりネックは変わる

●ボトルネックを改善する手法に制約理論があり、制約理論を管理会計に結びつけ たのがスループット会計である。

## ❖ボトルネックは需要と供給の関係で変わる

　仕事を改善するには、ボトルネック（制約条件）を潰すことが必要です。 ボトルネックとは、**受注、材料入手に始まる製造活動、販売活動、そし て最終的にお金が会社に入ってくるまでの活動の中で、全体のスピード を遅くしている原因**です。

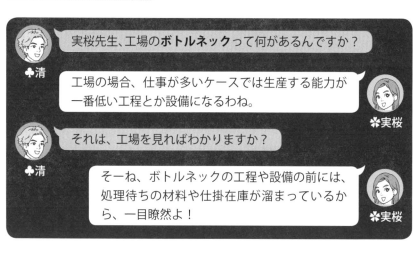

♣清　実桜先生、工場の**ボトルネック**って何があるんですか？

❀実桜　工場の場合、仕事が多いケースでは生産する能力が 一番低い工程とか設備になるわね。

♣清　それは、工場を見ればわかりますか？

❀実桜　そーね、ボトルネックの工程や設備の前には、 処理待ちの材料や仕掛在庫が溜まっているか ら、一目瞭然よ！

　製造業における制約条件は、需要（負荷）と供給（能力）の関係で変わっ てきます。

①需要＞供給の場合（手不足状態）

　**生産能力より需要が大きく、作れば売れるという手不足状態**では、制 約条件はボトルネック工程や設備能力、材料調達などが多く見られます。

②需要＜供給の場合（手余り状態）

**生産能力に対して、市場の需要が少ない手余り状態**では、制約条件は市場にあります。しかし、工場部門でも手余り状態をチャンスとしてとらえ、在庫低減活動、リードタイム短縮活動などを積極的に展開するマネジメントの姿勢が大切です。

## ❖スループット会計とは

　ボトルネックを改善する手法の1つに**制約理論**（**TOC**：Theory Of Constraints）があります。**TOC**では、「売上高－直接材料費」を**スルー**プット（日本では**付加価値**と呼んでいます）とし、スループット向上にあたってのキーファクターを制約条件としています。この考え方を管理会計に結びつけたのが**スループット会計**（**TC**：Throughput Costing）です。

> **ミニ知識**
>
> 　**スループット会計**を直接原価計算と比べると違いは**変動費**であり、**直接労務費**を変動費として扱わないことです。それは、自動化が進んだ工場では人の直接作業が機械化され、労務費が**固定費化**する傾向が強いからです。

**図表 ❺-⓭ 全部原価計算・直接原価計算・スループット会計の比較**

| 全部原価計算 | |
|---|---|
| 売上高 | 11,000千円 |
| 製造原価（売上原価） | 8,200千円 |
| 売上総利益（粗利益） | 2,800千円 |
| 販売費・一般管理費 | 2,030千円 |
| 営業利益 | 770千円 |

| 直接原価計算 | |
|---|---|
| 売上高 | 11,000千円 |
| 変動費 | 6,600千円 |
| 限界利益 | 4,400千円 |
| 固定費 | 3,630千円 |
| 営業利益 | 770千円 |

| スループット会計 | |
|---|---|
| 売上高 | 11,000千円 |
| 直接材料費 | 5,000千円 |
| スループット | 6,000千円 |
| 業務費用 | 5,230千円 |
| 営業利益 | 770千円 |

製造原価
＋販売費・一般管理費
＝8,200千円＋2,030千円
＝10,230千円

変動費＋固定費
＝6,600千円＋3,630千円
＝10,230千円

直接材料費＋業務費用
＝5,000千円＋5,230千円
＝10,230千円

　スループット会計のポイントは、スループットが大きくなれば**キャッシュフロー**が増大し、利益を追求する会社の目的が達成できることです。

# スループット会計で利益が最大になる計画を意思決定する

●利益を最大にする生産計画を作るには独立案の意思決定が必要になる。

## ❖工場の利益を最大にする生産計画を作る

　ME社の東京工場第1製造部では、5種類の製品グループを製造しています。各製品グループの売価、直接材料費、製造時間、年間の販売可能数量は次のとおりです。工場の年間の総製造時間が5,000時間のとき、工場の利益を最大にするにはどの製品を何個作ったらよいでしょうか。

### 図表 ❺-⓮ 東京工場第1製造部の生産品目

| 東京工場　第1製造部 | A1 | A2 | A3 | A4 | A5 |
| --- | --- | --- | --- | --- | --- |
| 売価/個〈円〉 | 750 | 950 | 1,000 | 1,250 | 1,400 |
| 直接材料費/個〈円〉 | 300 | 400 | 650 | 600 | 700 |
| 製造時間/個〈時間〉 | 0.02 | 0.05 | 0.01 | 0.05 | 0.06 |
| 年間販売可能数〈個〉 | 40,000 | 30,000 | 50,000 | 20,000 | 30,000 |

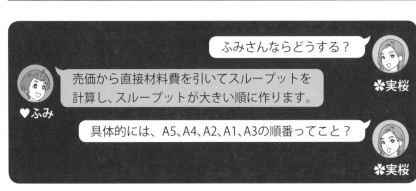

ふみさんならどうする？　※実桜

♥ふみ　売価から直接材料費を引いてスループットを計算し、スループットが大きい順に作ります。

具体的には、A5、A4、A2、A1、A3の順番ってこと？　※実桜

### 図表 ❺-⓯ 生産品目のスループット

| 東京工場　第1製造部 | A1 | A2 | A3 | A4 | A5 |
|---|---|---|---|---|---|
| 売価/個〈円〉 | 750 | 950 | 1,000 | 1,250 | 1,400 |
| 直接材料費/個〈円〉 | 300 | 400 | 650 | 600 | 700 |
| スループット/個〈円〉 | 450 | 550 | 350 | 650 | 700 |
| 優先順位 | ④ | ③ | ⑤ | ② | ① |

## ❖スループットの大きい順に計画する（代替案1）

　スループットの大きい製品グループから製造すると次のようになります。

　まず、優先順位①のA5を年間販売可能数である30,000個製造します。A5を1個製造するには0.06時間かかるので30,000個では1,800時間になります。次に優先順位②のA4を20,000個製造すると1,000時間（0.05時間/個×20,000個）かかり、A5とA4の累計製造時間は2,800時間になります。優先順位③のA2を30,000個製造すると、1,500時間かかり、累計製造時間は4,300時間になります。工場の年間の総製造時間は5,000時間なので、残りは700時間です。この時間で優先順位④のA1を製造しますが、年間販売可能数の40,00個に対して35,000個（700時間÷0.02）しか製造できません。

### 図表 ❺-⓰ 生産品目の生産数量と総スループット（代替案1）

| 東京工場　第1製造部 | A1 | A2 | A3 | A4 | A5 | 合計 |
|---|---|---|---|---|---|---|
| 製造時間/個〈時間〉 | 0.02 | 0.05 | 0.01 | 0.05 | 0.06 | — |
| 年間製造数量〈個〉 | 35,000 | 30,000 | — | 20,000 | 30,000 | 115,000 |
| 年間製造時間 | 700 | 1,500 | — | 1,000 | 1,800 | 5,000 |
| 総スループット〈千円〉 | 15,750 | 16,500 | — | 13,000 | 21,000 | 66,250 |

　A5を30,000個製造するとスループットは21,000千円（700円/個×30,000個）、A4を20,000個製造するとスループットは13,000千円（650円/個×

20,000個）、A2とA1のスループットを合計すると66,250千円になります。
**この生産計画が一番スループットの大きい計画でしょうか？**

## ❖効率指標のよい順に計画する（代替案2）

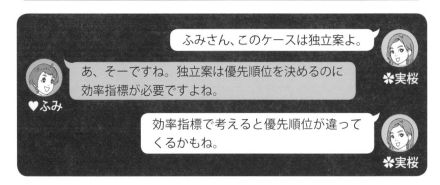

　効率指標の分子は目的である利益（スループット）、分母は制約条件である総製造時間と考えると、1時間当たりのスループットが大きい順に製造することになります。

　A1スループットは450円/個、製造時間は0.02時間/個なので1時間で50個製造でき、1時間でのスループットは22,500円（450円/個×50個）になります。A2からA5まで同じように計算すると、優先順位はA3、A1、A4、A5、A2となります。この優先順位で年間の製造時間が5,000時間になるまでの製造数量を求め、スループットを合計すると79,400千円になります。

### 図表 ❺-⓱ 効率指標による生産品目の生産数量と総スループット（代替案2）

| 東京工場　第1製造部 | A1 | A2 | A3 | A4 | A5 | 合計 |
|---|---|---|---|---|---|---|
| スループット/個〈円〉 | 450 | 550 | 350 | 650 | 700 | |
| 製造時間/個〈時間〉 | 0.02 | 0.05 | 0.01 | 0.05 | 0.06 | |
| スループット/時間〈円〉 | 22,500 | 11,000 | 35,000 | 13,000 | 11,667 | |
| 優先順位 | ② | ⑤ | ① | ③ | ④ | 合計 |
| 年間製造数量〈個〉 | 40,000 | 18,000 | 50,000 | 20,000 | 30,000 | 158,000 |
| 年間製造時間 | 800 | 900 | 500 | 1,000 | 1,800 | 5,000 |
| 総スループット〈千円〉 | 18,000 | 9,900 | 17,500 | 13,000 | 21,000 | 79,400 |

スループットの大きい順に製造したケースとの違いを確認してください。

## ❖代替案を比較する

年間の製造時間が同じでも、総スループットはすごーく変わってきますね。

♥ふみ

そーね、代替案の選択指標を**絶対額**にするか、**効率**にするかで利益を取り逃がしてしまいますよ。

❀実桜

会社に必要な経営資源には、人、もの、お金、情報があります。優れた経営資源を持っていても、意思決定でその使い方を間違えては利益を上げることができません。

第1製造部のケースでは、年間の製造時間が同じ5,000時間でもスループットが1.37倍（79,000÷66,250）の違いになっています。経営資源配分の基本は選択と集中です。限りある経営資源を最適に配分するためにも管理会計を活用しましょう。

### 図表 ❺-⓲ 代替案の比較

| 東京工場　第1製造部 | A1 | A2 | A3 | A4 | A5 | |
|---|---|---|---|---|---|---|
| スループット/個〈円〉 | 450 | 550 | 350 | 650 | 700 | |
| 優先順位 | ④ | ③ | ⑤ | ② | ① | |
| スループット/時間〈円〉 | 22,500 | 11,000 | 35,000 | 13,000 | 11,667 | |
| 優先順位 | ② | ⑤ | ① | ③ | ④ | |
| スループットの大きい順に計画する（代替案1） | | | | | | 合計 |
| 年間製造数量〈個〉 | 35,000 | 30,000 | — | 20,000 | 30,000 | 115,000 |
| 総スループット〈千円〉 | 15,750 | 16,500 | — | 13,000 | 21,000 | 66,250 |
| 年間製造時間 | 700 | 1,500 | — | 1,000 | 1,800 | 5,000 |
| 効率指標のよい順に計画する（代替案2） | | | | | | 合計 |
| 年間製造数量〈個〉 | 40,000 | 18,000 | 50,000 | 20,000 | 30,000 | 158,000 |
| 総スループット〈千円〉 | 18,000 | 9,900 | 17,500 | 13,000 | 21,000 | 79,400 |
| 年間製造時間 | 800 | 900 | 500 | 1,000 | 1,800 | 5,000 |

# 操業状態で
# 意思決定は変わってくる

●改善による効果は手不足状態と手余り状態により変わってくる。操業状態に応じた効果を算定するには変動費と固定費の情報が必要である。

## ❖改善効果は操業状態によって変わってくる

　ＭＥ社の東京工場第２製造部では、１つの生産工程で不良率が10％ある類似の製品Ｂを製造しています。この工程では、機械設備が古くなってきたために機能の劣化が進み、故障による停止時間が月々20時間ほど生じ、故障の修理費が40,000円/月かかっています。

　そこで主要工程で定期的に機械設備を停め、故障停止の予防保全を検討中です。予防保全に必要な機械設備の停止時間は月間延べ５時間であり、保全のための直接費は10,000円/月と見込んでいます。

　**予防保全を行うことによって、機械設備が常にその機能を発揮できるほか、その寿命を延ばすという大きなメリットも生じます。**

| 用語 |
| --- |
| 　機械設備の機能が劣化する前に修理する考え方を**予防保全**(Preventive Maintenance)、通称**PM**と言います。これに対して、機能が劣化してから修理する保全が**事後保全**(**BM**：Breakdown Maintenance)です。 |

清さん、**予防保全**の効果金額はいくらになると思う？

❖実桜

♣清　忙しい繁忙期と余裕のある閑散期で変わってきますかね…。

そーね、改善効果は**操業状態**で変わってくるのよ。

❖実桜

操業状態には、**手不足状態**（需要＞供給）と**手余り状態**（需要＜供給）の2パターンがあります。あなたなら、機械設備が劣化する前に修理しますか、劣化してから修理しますか？

## ❖意思決定に必要な売価と原価情報を整理する

操業状態による意思決定を考えるには、売価と変動費・固定費のデータが必要です。製品Bの売価は1,000円/個、変動費は材料費が530円/個、変動加工費が120円/個で合計すると650円/個です。固定費は、700,000円/月かかっています。

図表 ❺-⑲ **製品Bの売価と変動費・固定費**

| 項目 | | 金額 | 備考 |
|---|---|---|---|
| 売価 | | 1,000円/個 | |
| 変動費 | | 650円/個 | |
| | 材料費 | 530円/個 | |
| | 変動加工費 | 120円/個 | 60円/分×2分 |
| 固定費 | | 700,000円/月 | |

材料費と変動加工費は次のように計算します。

材料費 ＝ 材料単価×材料消費量
変動加工費 ＝ 変動加工費レート/時間 × 時間（工数）

変動加工費は製品を加工するのにかかる費用で、**変動加工費レート**と呼ばれる変動加工費の単価に、加工に必要な時間（工数）を掛けて求めます。**変動加工費レートは、加工費を延べ作業時間（工数）で割って求めます。賃率が1時間当たりの賃金であるのに対して、変動加工費レートは直接労務費だけでなく経費の中の変動費も含めた1時間当たりの単価なのです。**

♣清　意思決定をするにも原価計算が大切なんですね。

原価計算は、正しい意思決定をするために欠かせないデータね。

❀実桜

## ❖手不足状態の効果を計算する

　**供給能力より需要が大きい手不足状態では、停止時間が減れば販売量が増え売上が増大します。**製品Bは、実働時間が1時間増加するごとに30個(60分÷2分)増産することが可能ですが、10%が不良品になって廃却されるので、27個(30個×0.9)の製品が製造できます。

　これより、実働時間が1時間増えれば、売上は27,000円(1,000円/個×27個)増加します。また、製品を30個生産するには、変動費が19,500円(650円/個×30個)かかるので、限界利益は1時間当たり7,500円(27,000－19,500)になります。

**①故障をなくすことによる利得**

　故障をなくすことにより「故障修理費の節減」と「停止時間(20時間)の削減」ができます。故障修理費は40,000円/月、停止時間は1時間の限界利益が7,500円、20時間では150,000円(7,500円/時間×20時間)なので合計190,000円になります。

**②予防保全に必要な費用**

　予防保全を実施するには「予防保全の直接費(10,000円/月)」と保全の時間(5時間)が必要です。1時間当たり7,500円の限界利益があるので5時間停止することで37,500円(7,500円/時間×5時間)の「保全の停止損失」が発生し、予防保全に必要な費用は47,500円になります。

　これより、予防保全の効果は142,500円になります。

### 図表 ❺-⓴ 手不足状態の効果

| 故障をなくすことによる利得 | | 予防保全に必要な費用 | |
|---|---|---|---|
| 故障修理費の節減 | 40,000円 | 予防保全の直接費 | 10,000円 |
| 停止損失の削減 | 150,000円 | 保全の停止損失 | 37,500円 |
| 合　計 | 190,000円 | 合　計 | 47,500円 |
| 予防保全の効果：190,000円－47,500円＝142,500円 | | | |

## ❖手余り状態の効果を計算する

**需要と比べて供給能力が余っている手余り状態では、停止時間を減らしても利益の増加は期待できません。**それは、製品を製造しても在庫になるだけで、売上にならないからです。

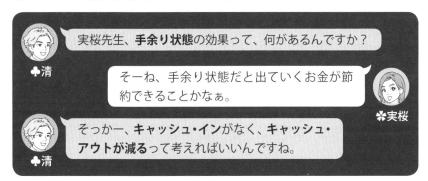

キャッシュ・アウトは、故障の修理費の40,000円/月と予防保全の直接費の10,000円/月なので、手余り状態の効果は30,000円（40,000－10,000）にすぎません。

### 図表 ❺-㉑ 操業状態による効果の比較

| 手不足状態 | 手余り状態 |
|---|---|
| 142,500円 | 30,000円 |
| 手不足状態と手余り状態で4.75倍（142,500÷30,000）の違い ||

このように、同じ工場で同じような改善を行っても、手不足状態と手余り状態では効果は大きく異なります。

**経営環境の変化が激しい状況では、手不足状態と手余り状態の入れ替わりが大いに考えられます。**手不足状態の効果で意思決定し、実施する段階で手余り状態になると効果が得られません。「こんなはずじゃなかったのに」とならないためにも手不足状態と手余り状態の２つの効果確認が大切です。

# 操業状態に応じた改善効果を算定する

●改善効果を算定するには、操業状態に応じて何が変わるかを検討することが重要である。

## ❖工場の実態を把握する

　ＭＥ社の大阪工場第１製造部は、月間の操業時間は200時間、段取時間が月平均20時間、故障による停止時間が月々平均して20時間生じています。この製造部では１つの生産工程で類似の製品Ｃを製造しています。

　製品Ｃは、製造される製品の内10％が不良品になって廃却されているので、製造部から製品不良を10％から５％に半減させる改善提案がありました。停止時間は現状のままと

### 図表 ❺-㉒ 製品Ｃの売価と変動費・固定費

| 項目 | | 金額 | 備考 |
|---|---|---|---|
| 売価 | | 1,000円/個 | |
| 変動費 | | 660円/個 | |
| | 材料費 | 300円/個 | |
| | 変動加工費 | 360円/個 | 60円/分×6分 |
| 固定費 | | 600,000円/月 | |

して、改善効果を算定してください。ただし、製品Ｃの手余り状態の需要は、1,350個です。

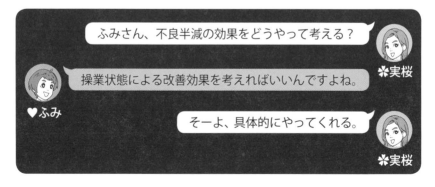

## ❖不良削減の効果を算定する

**不良が減ることにより、何が変わるのかを考えます。**大阪工場第1製造部は、段取や故障による停止時間があります。正味の稼働時間は160時間で月間の製造数量は1,600個です。

正味の稼働時間 ＝ 操業時間 －（段取時間 ＋ 故障による停止時間）

               ＝ 200時間 －（20時間＋20時間）

               ＝160時間（9,600分）

月間製造数量 ＝ 正味稼働時間 ÷ 加工時間/個

             ＝ 9,600分 ÷ 6分/個 ＝ 1,600個

### ①手不足状態の場合

不良率を5％低減することによって、月々の良品製造数量が80個増え、これにより売上が80,000円増加します。

良品製造数量 ＝ 1,600個 ×0.05 ＝ 80個

売上増加 ＝ 1,000円/個 × 80個 ＝ 80,000円

ふみさん、良品製造数量が80個のとき、費用はいくらかかると思う？

 ❖実桜

えー、80個製造するので…。

 ♥ふみ

**費用は、フル操業なので改善前(不良率10％)と改善後(5％)でも変化しない**ので、改善による利益の増加分は80,000円です。つまり、不良率半減の効果は80,000円/月になります。

②**手余り状態の場合**

　手余り状態の場合は、良品を増やしても売上の増加にはつながらず、変動費の低減だけが経済的メリットになります。

　良品を1,350単位（手余り状態での需要）生産するために必要な投入数は、不良率10％では1,500個、不良率5％では1,422個です。

### 図表 ❺-㉓ 不良率による投入数と良品数

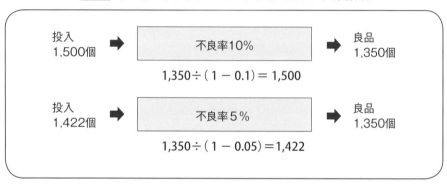

　不良低減により投入数が78個（1,500−1,422）減ると改善効果は28,080円になります。

$$改善効果 ＝ 変動費/個 × 低減数量 ＝ 360円/個 × 78個$$
$$＝ 28,080円$$

　したがって、不良率半減の改善費用が月々28,080円よりも小さくなければ採算がとれません。

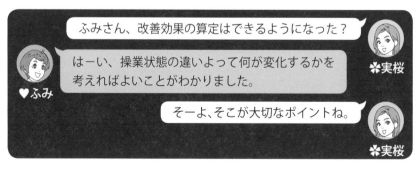

# ❖機械設備の生産スピードアップの効果を算定する

製造部からは不良低減の改善とは別に、機械設備のスピードを現状より20％アップする改善がありました。ただし、正味の稼働時間（160時間）や不良率（10％）は従来のままとします。改善効果を算定してください。

## ①手不足状態の場合

機械設備の生産スピードを20％アップすることで生産量が1時間当たり10個から12個に、月間160時間で320個（160×2）増加します。これにより売上は、288,000円増加します。

```
売上の増加 ＝ 1,000円/個 × 320個 × （1－0.1）
          ＝ 288,000円
```

一方、変動費のうち加工費の総額は現状と変わらず、材料費（1個300円）のみが増加するので、その増加分は96,000円（300円/個×320個）です。

これより、生産スピードを20％向上させることによる月々の効果は192,000円（288,000－96,000）になります。

## ②手余り状態の場合

不良品（不良率10％）を含む月々生産量は、1,500個です。生産スピードアップに伴う実働時間の減少は、25（150－125）時間です。

```
改善前：1,500個 ÷ 10個/時間 ＝ 150時間
改善後：1,500個 ÷ 12個/時間 ＝ 125時間
```

実働時間に比例する変動加工費レートは、1分当たり60円、1時間当たり3,600円なので効果は90,000円（25時間×3,600円/時間）になります。

在庫とものづくりに関する意思決定

# 設備投資の意思決定

# お金は**時間**が過ぎると**価値**が変わる

●効果が長い期間続く意思決定ではお金の価値を換算することが必要になる。

## ❖お金には時間的価値がある

お金の価値は時間が経つと変わってしまいます。たとえば、銀行から1,000,000円を借りて１年後に1,000,000円を返すだけでは足りません。３％の利率で借りていれば1,030,000円返さなければなりません。逆に1,000,000円を３％の利率で預ければ1,030,000円程度になって戻ってきます。

**用語**

左記のような、時間が経つと変わるお金の価値を**時間的価値**と呼びます。設備投資などで効果が長期にわたる場合は、お金の時間的価値を考慮しないと正しい**意思決定**はできません。

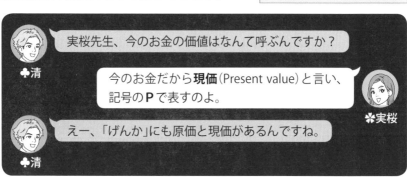

お金の**時間的価値**を計算するには、**現価**（P）のほかに記号の**S**で表す**終価**（Final value）、記号の**M**で表す**年価**（Adjusted mean）があります。終価の略記号が**F**でないのは、**F**は数学上の関数（Function）を表す記号としてよく使われるので、混乱をさけるためです。利子を含めた合計（Sum）という意味で**S**が用いられています。また、お金の時間的価値の計算では、お金を借りたときに払う利子率とお金を預けることによる利

益率は区別せずに利率と表します。

## ❖現在の価値（P）を将来の価値（S）に換算する

手持ちの1,000,000円を年利３％の利率で銀行に預金すると１年後には1,030,000円に増えます。

**1,000,000円×（1＋0.03）＝1,030,000円**

さらに１年預けると２年後には元利合計が1,060,900円になります。

**1,000,000円×（1＋0.03）×（1＋0.03）**
**＝1,000,000円×（1＋0.03）$^2$＝1,060,900円**

このように預け続けると３年後の元利合計は1,092,727円です。

**1,000,000円×（1＋0.03）×（1＋0.03）×（1＋0.03）**
**＝1,000,000円×（1＋0.03）$^3$＝1,092,727円**

現在持っている1,000,000円を現価（P）、３年後の元利合計を終価（S）、利率をｉ、期間をｎとすると、終価は次のように計算できます。

$$終価 ＝ 現価 × （1＋利率）^{期間} \quad → \quad S ＝ P × （1＋i）^n$$

この（1＋i）$^n$のことを**終価係数**と呼び、$[P→S]_n^i$と書き表します。終価計数は一覧表にしてありますので、付表の**終価係数表**を参照してください p.162。

銀行に利率３％で1,000,000を預けておくと５年後にはいくらになるか

### 図表 ⑥-❶ 終価係数

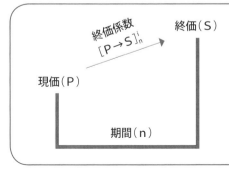

| | 1% | 3% | 5% | 6% | 7 |
|---|---|---|---|---|---|
| 1 | 1.010000 | 1.030000 | 1.050000 | 1.060000 | 1.0 |
| 2 | 1.020100 | 1.060900 | 1.102500 | 1.123600 | 1.1 |
| 3 | 1.030301 | 1.092727 | 1.157625 | 1.191016 | 1.2 |
| 4 | 1.040604 | 1.125509 | 1.215506 | 1.262477 | 1.3 |
| 5 | 1.051010 | 1.159274 | 1.276282 | 1.338226 | 1.4 |
| 6 | 1.061520 | 1.194052 | 1.340096 | 1.418519 | 1.5 |
| 7 | 1.072135 | 1.229874 | 1.407100 | 1.503630 | 1.6 |

終価係数　　$[P→S]_n^i$

は、次のようになります。ここで、1.159274は、終価係数表より参照します。

1,000,000円$[P{\rightarrow}S]_5^3$ = 1,000,000 × 1.159274 = 1,159,274円

## ❖将来の価値（Ｓ）を現在の価値（Ｐ）に換算する

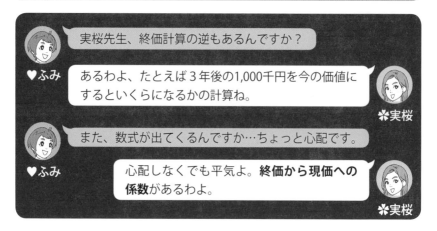

実桜先生、終価計算の逆もあるんですか？

♥ふみ

あるわよ、たとえば３年後の1,000千円を今の価値にするといくらになるかの計算ね。

❖実桜

また、数式が出てくるんですか…ちょっと心配です。

♥ふみ

心配しなくても平気よ。**終価から現価への係数**があるわよ。

❖実桜

終価から現価を求めるには、終価を求める式を変えることで計算できます。

終価 ＝ 現価 × （１＋利率）$^{期間}$ → 現価 ＝ 終価 × $\dfrac{1}{（1＋利率）^{期間}}$

$S = P × (1＋i)^n$ → $P = S × \dfrac{1}{(1＋i)^n}$

$\dfrac{1}{(1＋i)^n}$ を**現価係数**と呼び$[S{\rightarrow}P]_n^i$と書きます。付表の**現価係数表**を参照してください p.163 。

利率が３％のとき、５年後の1,000,000円に等しい現在価値は、次のようになります。ここで、0.862609は、現価係数表より参照します。

1,000,000円$[S{\rightarrow}P]_5^3$ = 1,000,000 × 0.862609 = 862,609円

130

## 図表 **⑥-②** 終価係数と現価係数

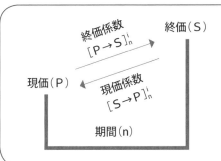

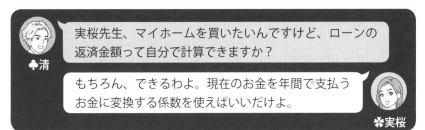

| | 現価係数 $[S \to P]_n^i : \frac{1}{(1+}$ | | | |
|---|---|---|---|---|
| | 0.50% | 1% | 2% | 3% |
| 1 | 0.995025 | 0.990099 | 0.980392 | 0.970874 |
| 2 | 0.990075 | 0.980296 | 0.961169 | 0.942596 |
| 3 | 0.985149 | 0.970590 | 0.942322 | 0.915142 |
| 4 | 0.980248 | 0.960980 | 0.923845 | 0.888487 |
| 5 | 0.975371 | 0.951466 | 0.905731 | 0.862609 |
| 6 | 0.970518 | 0.942045 | 0.887971 | 0.837484 |
| 7 | 0.965690 | 0.932718 | 0.870560 | 0.813092 |

## ❖現在の価値（P）を年間の価値（M）に換算する

> ♣清：実桜先生、マイホームを買いたいんですけど、ローンの返済金額って自分で計算できますか？

> ❀実桜：もちろん、できるわよ。現在のお金を年間で支払うお金に変換する係数を使えばいいだけよ。

　銀行から年３％の利率（i）で30,000,000円（P）の借入をし、30年間で元利合計を完済するには毎年いくらずつ（一定額M円）返済すればよいかを考えてみましょう。

　１年後に返済する金額M（年価）は現価にするとM÷(1 + i)、２年後はM÷(1 + i)²、30年後はM÷(1 + i)³⁰になります。30年で返済するには、その合計がP（30,000,000円）にならなければなりません。

$$P = \frac{M}{(1+i)} + \frac{M}{(1+i)^2} + \cdots + \frac{M}{(1+i)^{30}}$$

　これを変形すると次の式になります。**この式のPにかかっている係数を資本回収係数**と言い、$[P \to M]_n^i$と書きます。付表の**資本回収係数表**を参照してください p.165。

$$\text{年価} = \text{現価} \times \frac{\text{利率}(1＋\text{利率})^{\text{期間}}}{(1＋\text{利率})^{\text{期間}} - 1} \rightarrow M = P \times \frac{i(1＋i)^n}{(1＋i)^n - 1}$$

30,000,000円を利率3％で30年で返済するには、毎年1,530,570円の返済金額が必要です。このように、借りたお金に資本回収係数を掛ければ毎年末の返済金額が求められます。

30,000,000円$[P \rightarrow M]_{30}^{3}$ = 30,000,000 × 0.051019 = 1,530,570円

## ❖年間の価値（M）を現在の価値（P）に換算する

次は、年価（M）から現価（P）を求めるケースです。たとえば、銀行に一定額（M）を年3％の利率（i）で預けておいて、毎年末に500,000円ずつ10年間にわたって引き出せるようにするには、現在いくら（P）預けておけばよいかを求めてみましょう。

現価から年価を求める式を次のように変形します。

$$M = P \times \frac{i(1＋i)^n}{(1＋i)^n - 1} \rightarrow P = M \times \frac{(1＋i)^n - 1}{i(1＋i)^n}$$

変形した式のMにかかっている係数を年金現価係数と言い、$[M \rightarrow P]_n^i$と書きます。年金現価係数は資本回収係数の分母と分子を逆にしたものです。付表の年金現価係数表を参照してください p.167 。

年3％の利率で預けておいて、毎年末に500,000円ずつ10年間にわたって引き出せるようにするには、現在、4,265,102円預ければよいのです。

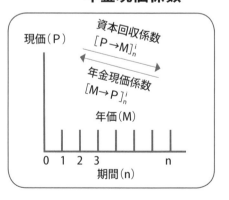

図表 ❻-❸ 資本回収係数と年金現価係数

500,000円$[M \rightarrow P]_{10}^{3}$ = 500,000 × 8.530203 = 4,265,102円

## ❖年間の価値(M)を将来の価値(S)に換算する

♥ふみ　実桜先生、これから毎年末に50万円ずつ10年間貯金します。

じゃ、10年後にいくらになっているか
計算しましょうか。

❀実桜

　年利3％(ｉ)で毎年末に500,000円(M)ずつ10年(ｎ)間貯金すると10年後の元利合計(Ｓ)は5,731,940円になります。

$$S = 500{,}000 \times (1+0.03)^9 + 500{,}000 \times (1+0.03)^8 + \cdots$$
$$+ 500{,}000 \times (1+0.03) + 500{,}000$$
$$= 500{,}000 \times \frac{(1+0.03)^{10} - 1}{0.03} = 5{,}731{,}940$$

　年利ｉ％で毎年末にM円貯金するとｎ年後の合計金額Ｓは次の式で求められます。

$$S = M + M(1+i) + M(1+i)^2 \cdots + M(1+i)^{n-1}$$
$$= M \times \frac{(1+i)^n - 1}{i}$$

　この式のMにかかっている係数を**年金終価係数**と言い、$[M{\rightarrow}S]_n^i$と書きます。付表の**年金終価係数表**を参照してください p.168 。

♥ふみ　実桜先生、貯金を毎年の初めに50万円ずつすると
10年後にはいくらになるんですか？

ふみさん、いい質問ね。**年金終価係数**は毎年末で
計算した係数なのよ。毎年の初めに貯金するケー
スは期間を1年プラスした係数を使ってね。

❀実桜

　年利3％で毎年初めに500,000円ずつ10年(ｎ)間貯金すると10年後の元

利合計（S）は6,403,898円になります。

500,000円[M→S]$_{11}^3$ = 500,000 × 12.807796 = 6,403,898円

## ❖将来の価値（S）を年間の価値（M）に換算する

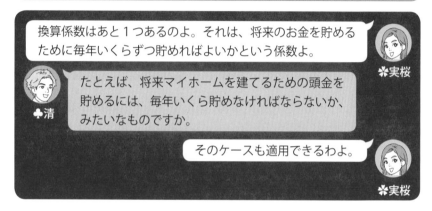

換算係数はあと１つあるのよ。それは、将来のお金を貯める
ために毎年いくらずつ貯めればよいかという係数よ。

❖実桜

たとえば、将来マイホームを建てるための頭金を
貯めるには、毎年いくら貯めなければならないか、
みたいなものですか。

♣清

そのケースも適用できるわよ。

❖実桜

終価（S）がわかっていれば年価は次のように計算できます。

$$S = M \times \frac{(1+i)^n - 1}{i} \rightarrow M = S \times \frac{i}{(1+i)^n - 1}$$

この式のSにかかっている
係数を減債基金係数と言い、
[S→M]$_n^i$と書きます。減債基金
係数は年金終価係数の分母と分
子を逆にしたものです。付表の
減債基金係数表を参照してくだ
さい p.169。

10年後に家を持つために頭金
5,000,000円を貯めるには、年利
３％では毎年いくらずつ積み立
てなければならないか求めると
436,155円になります。

図表 ❻-❹ 年金終価係数と
減債基金係数

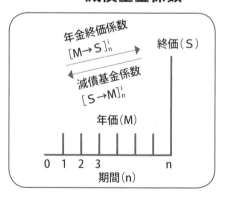

5,000,000円[S→M]$_{10}^3$ = 5,000,000 × 0.087231 = 436,155円

## ❖Excelでお金の価値を換算する

**♥ふみ**
実桜先生、お金の換算をパソコンで直接計算するには
どうしたらいいんですか？

マイクロソフト社のExcelには、便利な関数が
あるわよ。

**❀実桜**

　マイクロソフト社のExcelには、FV（Future Value）関数、PV（Present Value）関数、PMT（PayMenT）関数があります。この３つの関数を使えば、お金の換算をパソコンで行えます。

●FV関数 は、一定の利率を基に投資の将来価値を計算します。 定期支払い、定額支払い、一括支払いのいずれかに FV を使うことができます。
●PV関数は、一定利率に基づいて、ローンまたは投資の現在価値を計算します。 PV 関数は、定期的な定額支払（住宅ローンやほかのローンなど）または投資目標である将来価値とともに使用できます。
●PMT関数は、一定利率の支払いが定期的に行われる場合の、ローンの定期支払額を算出します。

「Microsoft社のofficeサポートＨＰ」より作成

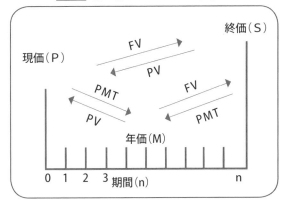

**FV関数は終価係数と年金終価係数、PV関数は現価係数と年金現価係数、PMTは資本回収係数と減債基金係数に対応します。**

図表 **6-5** **Excelの関数**

終価（Ｓ）

現価（Ｐ）
FV
PV

PMT
FV

PV
PMT

年価（Ｍ）

0　1　2　3　期間（n）　　　　　n

6章

設備投資の意思決定

# 投資のお金は
# いくらまで使えるか

●投資には支払能力を有することが欠かせない。会社に支払能力があるかどうかを
　分析するのが安全性分析である。

## ❖設備投資枠はキャッシュフローの範囲内で考える

♥ふみ

> 実桜先生、機械設備や建物などにいくらまで
> 投資していいんですか？

> そーね、設備投資をしてよいかを判断する基準には
> いくつかあるから順に説明しましょう。

❖実桜

　設備投資は一件の金額が大きいので、会社全体の設備投資枠はキャッシュフローの範囲内で決定します。

### ①設備投資を自己資金でまかなうケース

　設備投資に回せる金額は次式のようになります。

> 設備投資枠 ＝（予想未処分利益剰余金 ＋ 減価償却費）− 配当金

　会社が無借金経営を志すなら、この金額を越えない範囲の設備投資であれば十分に資金的に余裕がでます。

### ②設備投資を借入金でまかなうケース

　設備投資を借入金でまかなう場合の借入限度額は次式の金額になり、銀行はこの金額を目安に貸出限度額を決めています。

> 借入金枠 ＝（予想未処分利益剰余金 ＋ 減価償却費）

　設備投資を借入金(負債)でまかなうと、会社は負債を期日に返済しなければなりません。会社に負債の支払能力のあることを安全性があると

言います。管理会計の代表的な分析手法の1つに**安全性分析**（Analysis of financial safety）があり、**貸借対照表の項目間の関係を資産対負債や資産対資本などの比率で分析します。**

## ❖会社の短期的な安全性を分析する

### ①流動比率（Current ratio）

　1年以内に現金化する流動資産と、1年以内に返済または支払わなければならない流動負債とのバランスか

ら、会社の支払能力をみる比率です。この比率が良好なら資金の流動性が高く、短期の支払能力があるとみてよいですが絶対的とは言えません。

### ②当座比率（Quick ratio）

　換金性の高い現金預金、受取手形、売掛金、市場性のある有価証券、短期貸付金などを当座資金と言います。これと流動負債とのバランスから当面の支払能力をみる比率が当座比率です。この比率が悪い場合は、過剰な棚卸在庫を抱えている場合が多いようです。

　ＭＥ社の流動比率は119.7％、当座比率は114.2％です。

## 図表 **⑥-⑥** ＭＥ社の流動比率と当座比率

貸借対照表の左側　　貸借対照表の右側
お金の運用　　　　　お金の調達

| 貸借対照表(令和○年○月○日現在) | | | |
|---|---|---|---|
| | | | 単位：千円 |
| 資産 | | 負債（借入資金） | |
| 流動資産 | | 流動負債 | |
| 　現金預金 | 8,640,000 | 　支払手形 | 2,800,000 |
| 　受取手形 | 3,250,000 | 　買掛金 | 2,100,000 |
| 　売掛金 | 3,750,000 | 　借入金 | 8,800,000 |
| 　原料・材料 | 700,000 | 固定負債 | |
| 　半製品・仕掛品 | 35,000 | 　長期借入金 | 7,000,000 |
| 　製品 | 25,000 | | |
| 固定資産 | | 純資産（自己資金） | |
| 　建物 | 9,000,000 | 　資本金 | 8,000,000 |
| 　機械設備 | 9,600,000 | 　剰余金 | 6,300,000 |
| 資産計 | 35,000,000 | 負債・純資産計 | 35,000,000 |

**流動負債＝支払手形＋買掛金＋借入金**
　　　　＝2,800,000＋2,100,000＋8,800,000
　　　　＝13,700,000（千円）

**流動資産＝現金預金＋受取手形＋…**
　　　　　　＋製品
　　　　＝8,640,000＋3,25,000＋…＋25,000
　　　　＝16,400,000（千円）

**当座資産＝現金預金＋受取手形＋売掛金**
　　　　＝8,640,000＋3,250,000＋3,750,000
　　　　＝15,640,000（千円）

①流動比率 $= \dfrac{流動資産}{流動負債} \times 100$

$= \dfrac{16,400,000}{13,700,000} \times 100 = 119.7(\%)$

②当座比率 $= \dfrac{当座資産}{流動負債} \times 100$

$= \dfrac{15,640,000}{13,700,000} \times 100 = 114.2(\%)$

## ❖会社の長期的な安全性を分析する

　長期的な視点に基づいて会社の資本調達の組み合わせの良否とその運用に関するバランスを分析するのが**健全性分析**（Soundness analysis）です。次のような分析項目があります。

### ①自己資本比率（Owner's capital ratio）

　会社の総資本に占める自己資本の割合によって、長期的な観点から調達された資本の構成から安全性をみる比率が自己資本比率です。この比率は、企業体質の安全性と不況抵抗力の強さを示す重要な指標であり、企業の成長と独立性の維持は、この比率を高めることにほかなりません。ＭＥ社の自己資本比率は40.9％ですが、**この比率が高いほど社内留保されている剰余金が多く、借入金などの負債への依存度が低いことを示しています。**

## 図表 6-7 ＭＥ社の自己資本比率

貸借対照表の左側　　貸借対照表の右側
　お金の運用　　　　　お金の調達

貸借対照表（令和○年○月○日現在）

単位：千円

| 資産 | | 負債（借入資金） | |
|---|---|---|---|
| 流動資産 | | 流動負債 | |
| 現金預金 | 8,640,000 | 支払手形 | 2,800,000 |
| 受取手形 | 3,250,000 | 買掛金 | 2,100,000 |
| 売掛金 | 3,750,000 | 借入金 | 8,800,000 |
| 原料・材料 | 700,000 | 固定負債 | |
| 半製品・仕掛品 | 35,000 | 長期借入金 | 7,000,000 |
| 製品 | 25,000 | | |
| 固定資産 | | 純資産（自己資金） | |
| 建物 | 9,000,000 | 資本金 | 8,000,000 |
| 機械設備 | 9,600,000 | 剰余金 | 6,300,000 |
| 資産計 | 35,000,000 | 負債・純資産計 | 35,000,000 |

$$自己資本＝資本金＋剰余金$$
$$＝8,000,000＋6,300,000$$
$$＝14,300,000（千円）$$

$$自己資本比率＝\frac{自己資本}{総資本}×100$$
$$＝\frac{14,300,000}{35,000,000}×100$$
$$＝40.9（\%）$$

実桜先生、**自己資本比率**を高めるにはどうしたらいいんですか？

♣清

負債を減らす、資本金を増やす、利益を内部に留保するなどのやり方があるわよ。

❀実桜

## ②固定比率（Ratio of asset to net worth）

　会社の自己資本に対する固定資産の割合が固定比率です。会社の保有する固定資産がどの程度自己資本によってまかなわれているかによって、安全性をみる比率です。ここで、固定資産には有形固定資産、無形固定資産、投資その他の資産が含まれます。

　固定比率は、長期の返済不要の調達資本（自己資本）とその長期的な運用（固定資産）との関係を分析するものです。ＭＥ社の固定比率は130.1％ですが、**この比率が低いほど安全性が高いとされます。**

**固定資産 ＝ 建物＋機械設備**
$$= 9,000,000+9,600,000 = 18,600,000（千円）$$

$$固定比率 = \frac{固定資産}{自己資本} \times 100$$
$$= \frac{18,600,000}{14,300,000} \times 100 = 130.1（\%）$$

## ③固定長期適合率（Fixed long-term compliance rate）

　会社の自己資本と固定負債の合計額に対する固定資産の割合が固定長期適合率であり、会社が保有する固定資産とその長期の調達資本との関係性から安全性をみる固定比率の補助比率です。

　固定資産は長期に保有されるものなので、これに投下される資本は返済不要な自己資本か、少なくとも長期的に返済すればよい固定負債で調達されていることが安全で望ましいと考えられます。ＭＥ社の固定適合比率は87.3％ですが、**この比率が低いほど健全性（安全性）が高いとされます。**

$$固定長期適合率 = \frac{固定資産}{自己資本＋固定負債} \times 100$$
$$= \frac{18,600,000}{14,300,000+7,000,000} \times 100$$
$$= 87.3（\%）$$

# 投資の種類は「増産」「取替」「合理化」「価値向上」の4つ

●投資の種類により意思決定に必要なお金の中身が変わってくる。お金はライフサイクルコストを対象とする。

## ❖投資の種類を目的により4つに分ける

♥ふみ

実桜先生、予算編成の時期になると各工場からいろんな投資案が出てくるんですけど、**投資ってどんなものがあるんですか？**

そーね、投資は中身によって4つに分けて考えたらいいんじゃない。

❀実桜

### ①増産を目的とした投資

すでに一定規模の機械設備や建物を持っているが、受注増や売上増に対応するために機械設備や建物の拡張を行う投資です。

### ②取替を目的とした投資

現在ある機械設備を新しい機械設備と取り替えるための投資です。取替を目的にした投資には、「機械設備の物理的寿命がきているケース」と「機械設備はまだ使えるが新しいより性能のよい機械設備に取り替える経済的陳腐化のケース」があります。

### ③合理化（省力化）を目的とした投資

コストダウンを目的とした投資です。人手を機械設備に置き換えることによるコストダウン、機械設備のエネルギー消費効率の向上などがあります。

### ④価値向上（開発研究）を目的とした投資

会社や製品の価値を向上させるための投資です。製品の価値向上には、現在製造している製品の改良投資、新しい生産の開発投資などがあります。

投資案を意思決定するには、意思決定の原則で「代替案で何が違うか」を検討しますが、ここで必要になるのがライフサイクルコストです。

## ❖製品のライフサイクルコストとは

日本工業規格（JIS C 5750-3-3）では、製品の誕生から廃却に至る製品のライフサイクルを「製品を企画、設計・開発、製造する段階」「製品を販売、使用する段階」「製品を循環し廃却する段階」としています。

製品を企画、設計・開発、製造する段階で発生するコストを取得コスト（初期投資コスト）、製品を販売、使用する段階は所有者コスト（運用コスト）、製品を循環し廃却する段階は廃却コストと呼んでいます。各段階で発生するコストの合計をライフサイクルコスト（Life Cycle Cost：LCC）と次のように表しますが、金額的に大きいのは取得コストと所有者コストです。

> ライフサイクルコスト ＝ 取得コスト ＋ 所有者コスト ＋ 廃却コスト

図表 ❻-❽ 製品のライフサイクルとライフサイクルコスト

| 製品のライフサイクル | |
|---|---|
| **製品を循環し廃却する段階** | |
| ⑥廃却（Disposal phase） | |
| 廃却コスト：製品を循環、廃却するときの原価、リサイクル原価、リユース原価、廃却原価 | |
| **製品を販売、使用する段階** | |
| ④据付（Installation）、⑤運用・保全（Operation and maintenance phase） | |
| 所有者コスト（運用コスト）：製品を使用するときの原価、販売・流通原価、運用原価 | |
| **製品を企画、設計・開発、製造する段階** | |
| ①概念・定義（Concept and definition phase）、②設計・開発（Design and development phase）、③製造（Manufacturing phase） | |
| 取得コスト（初期投資コスト）：製品を生むための原価、R&D（Research & Development）原価、設計・開発原価、製造原価 | |

ライフサイクルコスト ＝ 取得コスト ＋ 所有者コスト ＋ 廃却コスト

日本工業規格（JIS C 5750-3-3）より作成

141

# ❖投資の対象となるライフサイクルコストは何か

## ①増産を目的とした投資

　増産を目的とした投資で何台の機械設備を入れるかは増産する生産量と投資をしようとしている機械設備の能力によって決まります。そのときに何種類かの機械設備を選択することができない排反案に当たる場合が多いので、ライフサイクルコストの最も安い機械設備を選択することになります。ここでは、**取得コスト**と**所有者コスト**の計算が重要になります。

## ②取替を目的とした投資

（１）機械設備の物理的寿命がきているケース

　このケースは、生産能力が足りなくなるので、増産を目的とした投資と同じように考えます。ただし、ライフサイクルコストの中で**廃却コスト**が発生することがあります。

（２）機械設備はまだ使えるが新しいより性能のよい機械設備に取り替える経済的陳腐化のケース

　このケースは、機械設備の寿命はありますが、より性能のよい機械設備に取り替えるかどうかという意思決定です。技術革新がかつてないほど速い時代では、機械設備の物理的寿命を考える前に、経済的陳腐化を考えることが多くなっています。

> **ミニ知識**
>
> 　私たちの日常生活でもみられる、通常の**電球**と**LEDランプ**の選択、**ガソリン車**と**ハブリッドカー・電気自動車**の選択などがこのケースです。

　判断基準は、現在のまま使い続けたときと取り替えたときのライフサイクルコストの比較で安いほうを選択します。

## ③合理化（省力化）を目的とした投資

　省力化を目的とした投資では、現在のまま使い続けたときと省力化したときのライフサイクルコストの比較で安いほうを選択します。また、合理化投資では、ライフサイクルコストを考えたときのコストダウン効果の大きい案を選択します。

④価値向上（開発研究）を目的とした投資

　価値向上による売上増とライフサイクルコストを考えて最も有利な案を選択します。

## 図表 ❻-❾ 投資の種類とライフサイクルコスト

| 投資の種類 | 投資の目的 | ライフサイクルコスト | | |
| --- | --- | --- | --- | --- |
| | | 取得（初期投資）コスト | 所有者（運用）コスト | 廃却コスト |
| 増産投資 | 受注増の対応 | ○ | ○ | |
| 取替投資 | 機械設備の更新 | ○ | ○ | ○ |
| 省力投資 | コストダウン | ○ | ○ | |
| 価値向上投資 | 製品の価値向上 | ○ | ○ | ○ |

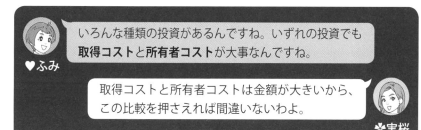

ふみ：いろんな種類の投資があるんですね。いずれの投資でも**取得コスト**と**所有者コスト**が大事なんですね。

実桜：取得コストと所有者コストは金額が大きいから、この比較を押さえれば間違いないわよ。

6章

設備投資の意思決定

# 増産に対応するために
# 新しい投資を導入するか

● 増産を目的とした投資では、増産する生産量によって最適案が変わることがある。
分岐点を確認することを忘れずに実践する。

## ❖ 耐用年数の異なる代替案から選択する

ＭＥ社の大阪工場第２製造部では、増産に対応するために設備導入を検討しています。代替案Ａは10,000千円で耐用年数５年の簡易設備を導入、代替案Ｂは31,000千円で耐用年数10年の複合設備を導入する案で運用コストも調査しました。ここで、耐用年数は設備が使える期間です。

あなたなら簡易設備、複合設備どちらの設備を選びますか？

図表 ❻-❿ 増産対応の設備投資代替案（年利5%）

| 代替案 | 初期投資 | 耐用年数 | 運用コスト | |
|---|---|---|---|---|
| | | | 変動費 | 固定費 |
| Ａ：簡易設備 | 10,000千円 | 5年 | 28千円/トン | 1,200千円/年 |
| Ｂ：複合設備 | 31,000千円 | 10年 | 10千円/トン | 1,500千円/年 |

♣清　実桜先生、**耐用年数**が違う代替案を比べるにはどうしたらいいんですか？

耐用年数を揃えたらいいんじゃない。５年と10年なら10年にするか、または、１年間で比べてもいいわね。

❀実桜

耐用年数が異なる代替案を比較する代表的な方法には、**現価法**と**年価法**があります。100トン増産したときのケースで検討してみましょう。

代替案ごとの年間の運用コストは次のようになります。

Ａ案　28千円/トン×100トン＋1,200千円/年＝4,000千円/年

B案　10千円/トン×100トン＋1,500千円/年＝2,500千円/年

## ❖現価法で代替案を比較する

　**現価法は、すべての利益・費用を現在時点における価値（現価）に置き直して比較する方法**です。年間の運用コストは、年金現価係数を使って現価に換算し、初期投資を加えます。

①A案の現在

$$10,000千円＋4,000千円[M→P]_5^5 ＝10,000+4,000×4.329477$$
$$＝27,317.9千円$$

　A案の耐用年数は5年なのでB案の10年と合わせるには、6年後に再投資すると考えます。6年後から10年後の金額（27,317.9千円）を現価係数で換算します。

$$27,317.9千円[S→P]_5^5 ＝ 27,317.9×0.783526=21,404.3千円$$

　10年間の現価は、48,722.2千円（27,317.9＋21,404.3）になります。

②B案の現価

$$31,000千円＋2,500千円[M→P]_{10}^5 ＝ 31,000+2,500×7.721735$$
$$＝ 50,304.3千円$$

　耐用年数が10年のB案を現価にすると50,304.3千円になります。これより、A案が現価で1,582.1千円（50,304.3－48,722.2）千円安いのでA案を選択します。

### 図表 ❻-⓫ 現価法での比較

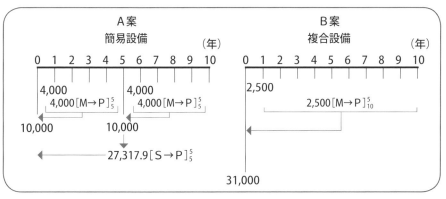

## ❖年価法で代替案を比較する

現価法で代替案を比較するには、耐用年数（期間）を代替案の最小公倍数にしなければなりません。それに対して**年価法は、代替案の年間の平均値（年価）で比較する方法**です。この方法は初期投資額を資本回収係数で毎年の費用に換算します。

①A案の年価

$$4,000千円+10,000千円[P→M]_5^5 = 4,000+10,000×0.230975$$
$$= 6,309.8千円$$

②B案の年価

$$2,500千円+31,000千円[[P→M]_{10}^5 = 2,500+31,000×0.129505$$
$$= 6,514.7千円$$

A案の年価は6,309.8千円、B案は6,514.7千円となりA案が204.9（6,514.7 − 6,309.8）千円安いのでA案を選択します。

### 図表 ❻-⓬ 年価法での比較

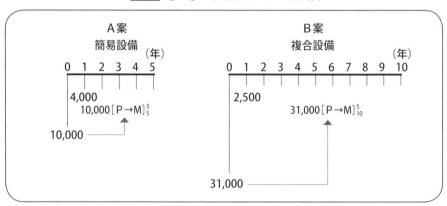

現価法と年価法のどちらでも選択する案は変わりません。それは、10年間の現価に資本回収係数（5%、10年）を掛けると年価と一致するからです。

$$A案　48,722.2千円[P→M]_{10}^5 = 48,722.2×0.129505$$
$$= 6,309.8千円$$

B案　50,304.3千円[[P→M]$_{10}^{5}$ = 50,304.3×0.129505

$\qquad\qquad\qquad\qquad\qquad$ = 6,514.7千円

## ❖生産量がさらに増えると選択案が変わる

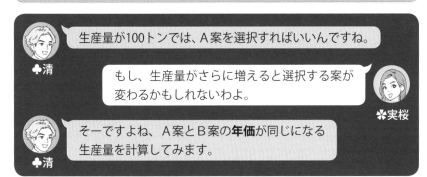

清：生産量が100トンでは、A案を選択すればいいんですね。

実桜：もし、生産量がさらに増えると選択する案が変わるかもしれないわよ。

清：そーですよね、A案とB案の**年価**が同じになる生産量を計算してみます。

増産したときの生産量を$y$トンとします。

A案の年価　28千円×$y$＋1,200千円＋10,000千円[P→M]$_{5}^{5}$

$\qquad\qquad\qquad$ ＝ 28$y$＋1,200＋10,000×0.230975

B案の年価　10千円×$y$＋1,500千円＋31,000千円[P→M]$_{10}^{5}$

$\qquad\qquad\qquad$ ＝10$y$＋1,500＋31,000×0.129505

A案の年価とB案の年価が等しくなる生産量は、次の式より111.38トンになり、112トンが分岐点になります。

28$y$＋1,200＋10,000×0.230975

$\quad$＝10$y$＋1,500＋31,000×0.129505　　　$y$＝111.38トン

確認のため生産量が112トンの年価を求めると、A案が6,645.75千円、B案が6,634.66千円でB案の年価が安くなっています。

A案の年価　28千円×112＋1,200千円＋10,000千円[P→M]$_{5}^{5}$

$\qquad\qquad\qquad$ ＝ 28×112＋1,200＋10,000×0.230975

$\qquad\qquad\qquad$ ＝ 6,645.75千円

B案の年価　10千円×112＋1,500千円＋31,000千円[P→M]$_{10}^{5}$

$\qquad\qquad\qquad$ ＝ 10×112＋1,500＋31,000×0.129505

$\qquad\qquad\qquad$ ＝ 6,634.66千円

**生産量により金額が変わる場合は、分岐点の確認を忘れないでください。**

6章

設備投資の意思決定

# 新車が販売されたが今の車を乗り換えるか

●経済的陳腐化の取替投資の目的には、費用の低減(インプットの低減)と環境改善・技術力アップ(アウトプットの向上)がある。

## ❖経済的陳腐化の代替案を比較する

取替を目的とした投資には、物理的寿命がきているケースと経済的陳腐化のケースがあります。ここでは、経済的陳腐化を考えてみます。

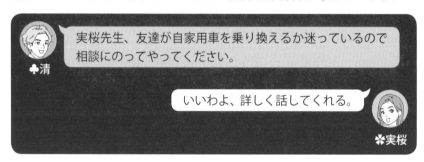

♣清　実桜先生、友達が自家用車を乗り換えるか迷っているので相談にのってやってください。

いいわよ、詳しく話してくれる。　❀実桜

清さんの友人は、2年前に1,980千円で自家用車を購入しました。自家用車の耐用年数は6年ですが、最近環境や燃費のよい車が販売されました。ディーラーに問い合わせると、新車の購入価格は2,500千円ですが、今の車を500千円で引き取ってくれるそうです。新車の購入は、年利3%

## 図表 ❻-⓭ 現・新自動車の比較

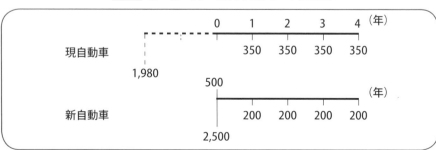

でローンを組みます。また、今の車は年間の維持費が350千円ですが、新しい車は200千円になりそうです。

## ❖投資の目的に対応した結論を出す

取替を目的とした投資の判断基準は、現自動車を使い続けたときと新自動車に取り替えたときの費用の比較です。

現自動車を使い続けると、今後4年間で維持費が1,400千円（350千円／年×4年）発生します。一方、新自動車で今後発生する費用は「新自動車の購入費用−現自動車の処分収入＋年間の維持費」で、2,800千円（2,500千円−500千円＋200千円／年×4年）になります。

この結果、現自動車を使い続けるのが4年間で1,400千円（2,800−1,400）安いことになります。

以上は、利率を考えていませんが、年利3％でローンを組むケースで年価を計算すると569千円になります。

$$(2,500-500)千円[P \to M]_6^3 + 200 = 2,000 \times 0.184598 + 200$$
$$= 569千円$$

現自動車の年価は350千円なので219千円（569−350）の違いがあり、4年間で876千円（219×4）安いことになります。

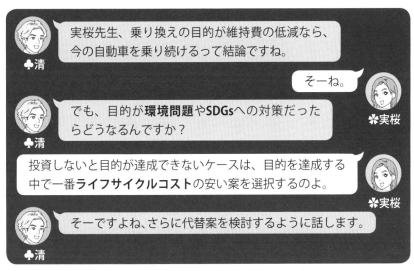

清：実桜先生、乗り換えの目的が維持費の低減なら、今の自動車を乗り続けるって結論ですね。

実桜：そーね。

清：でも、目的が**環境問題**や**SDGs**への対策だったらどうなるんですか？

実桜：投資しないと目的が達成できないケースは、目的を達成する中で一番**ライフサイクルコスト**の安い案を選択するのよ。

清：そーですよね、さらに代替案を検討するように話します。

＊SDGs（Sustainable Development Goals：持続可能な開発目標）

# オフィスの**メンテナンス工事の**最も安いやり方は

●期間が長い投資は、現価に換算すると金額の差が逆転することがあるので注意する。

## ❖ビルのメンテナンス工事を計画する

　ＭＥ社の本社ビルでは、空調機（耐用年数は15年）のメンテナンス工事を検討しています。ビルの耐用年数は60年で、60年後に解体・建て替えられます。工事案は次の2つです。

### ①Ａ案

　空調機の耐用年数の15年ごとに30百万円かけて更新工事を実施します。解体までに3回更新工事を行い90百万円（30×3）の金額になります。

### ②Ｂ案

　更新工事が必要かどうかの細密点検を15年目に3百万円で行います。その後4年間、毎年1百万円をかけて部品交換などのメンテナンスを行い、20年目に30百万円かけて更新工事を実施します。この対応により更新期間を20年とします。その結果、解体までに細密点検を3回、部品交換などのメンテナンス4年を3回実施することになり、総費用は81百万円（30×2＋7×3）になります。

　空調機の更新工事の資金は全額銀行借り入れとし利率は年率5％で、部品交換などのメンテナンス費用と細密点検費用は利率2％の手元現預金です。

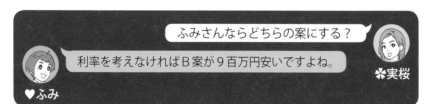

ふみさんならどちらの案にする？

利率を考えなければＢ案が9百万円安いですよね。

❀実桜

♥ふみ

えーと、キャシュフロー図を作って、現価を計算してから決めます。

利率を加味したらどうなるの？

❤ふみ　　　❖実桜

## ❖キャッシュフロー図と現価で代替案を比較する

A案のキャッシュフロー図を作成し、15年ごとの30百万円を現価係数で現価に換算すると24.71百万円になります。

### 図表 6-14 空調機のメンテナンス工事　A案の現価

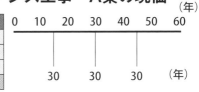

| 年数 | 金額(百万円) | 利率 | 現価係数 | 現価 |
|---|---|---|---|---|
| 15 | 30 | 0.05 | 0.481017 | 14.43 |
| 30 | 30 | 0.05 | 0.231377 | 6.94 |
| 45 | 30 | 0.05 | 0.111297 | 3.34 |
| 計 | | | | 24.71 |

同じようにB案は、26.32百万円になるので、A案が現価で1.61百万円（26.32 − 24.71）安くなります。利率を加味しないケースでは安い案はB案でしたが、**期間が長い投資では利率を加味すると案が逆転することがあります。**

### 図表 6-15 空調機のメンテナンス工事　B案の現価

| 年数 | 金額(百万円) | 利率 | 現価係数 | 現価 |
|---|---|---|---|---|
| 15 | 3 | 0.02 | 0.743015 | 2.23 |
| 16 | 1 | 0.02 | 0.728446 | 0.73 |
| 17 | 1 | 0.02 | 0.714163 | 0.71 |
| 18 | 1 | 0.02 | 0.700159 | 0.70 |
| 19 | 1 | 0.02 | 0.686431 | 0.69 |
| 20 | 30 | 0.05 | 0.376889 | 11.31 |
| 35 | 3 | 0.02 | 0.500028 | 1.50 |
| 36 | 1 | 0.02 | 0.490223 | 0.49 |
| 37 | 1 | 0.02 | 0.480611 | 0.48 |
| 38 | 1 | 0.02 | 0.471187 | 0.47 |
| 39 | 1 | 0.02 | 0.461948 | 0.46 |
| 40 | 30 | 0.05 | 0.142046 | 4.26 |
| 55 | 3 | 0.02 | 0.336504 | 1.01 |
| 56 | 1 | 0.02 | 0.329906 | 0.33 |
| 57 | 1 | 0.02 | 0.323437 | 0.32 |
| 58 | 1 | 0.02 | 0.317095 | 0.32 |
| 59 | 1 | 0.02 | 0.310878 | 0.31 |
| 計 | | | | 26.32 |

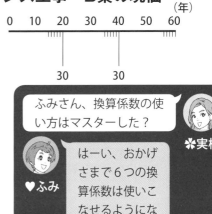

ふみさん、換算係数の使い方はマスターした？

❖実桜

はーい、おかげさまで6つの換算係数は使いこなせるようになりました。

❤ふみ

6章

設備投資の意思決定

151

# 合理化のために
# ロボットを導入するか

●人の作業をロボットに置き換える合理化投資では、人の費用からロボット投資の限度額を設定する。

## ❖ロボット導入に必要なデータを整理する

♣清

実桜先生、うちの大阪工場でロボットを導入する計画があるのですけど、注意することってありますか？

合理化のためのロボット導入なら、人にかかっているお金よりロボット導入のお金が高かったら目的が達成できないわよ。

❖実桜

♣清

そーですよね。人とロボットに関するお金を調査してみます。

### 図表 ❻-⓰ 人とロボットにかかわる費用の比較

| | 人（現在） | | | ロボット（合理化） | | |
|---|---|---|---|---|---|---|
| | 項目 | 年間変動費 | 総固定費 | 項目 | 年間変動費 | 総固定費 |
| 設備投資 | ― | ― | ― | 設備費：<br>ロボット本体<br>付帯設備 | | ○ |
| 直接費 | 賃金、雑給<br>賞与、退職金 | ○ | | 動力費<br>消耗部品費 | ○ | |
| 間接費 | 福利費<br>教育費 | ○ | | 保守点検費<br>修繕費 | | ○ |
| その他 | ベースアップ | ○ | | 金利 | | ○ |

たとえば、人の作業をロボットに置き換える投資では、**人とロボットに関係する費用**を比べます。

## ❖設備投資金額の分岐点を求める

人の直接費は、「賃金、雑給、賞与、退職金」、間接費は「福利費、教育費」などがあり、年間人件費は次の式で計算できます。

**年間人件費＝年間直接費＋年間間接費＝年間直接費×（１＋間接費率）**

ロボットの直接費はロボットを動かす「動力費、消耗部品費」、間接費は「保守点検費、修繕費などの総修繕費」です。ロボットに関する年間設備費は、次の式で求められます。

$$年間設備費 ＝ \frac{設備投資金額＋総修繕費}{耐用年数×操業度} ＋ 年間動力費$$

ロボット導入により人の作業がすべてロボットに置き換えられれば年間人件費はすべてロボット導入効果になります。しかし、**人の作業の半分がロボットに置き換わった場合は省人化率を50％**として計算します。

**ロボット導入効果 ＝ 年間直接費×（１＋間接費率）×省人化率**

ロボット導入効果がロボットに関する年間設備費より大きくなければ、ロボットを導入しても意味がありません。そこで、ロボット投資の分岐点を次のように設定しておきます。

**年間直接費×（１＋間接費率）×省力化率**

$$＝ \frac{設備投資金額＋総修繕費}{耐用年数×操業度} ＋ 年間動力費$$

上記式を整理すると、設備投資金額は次の式で計算できます。

設備投資金額 ＝ {年間直接費×（１＋間接費率）×省人化率
－年間動力費}×耐用年数×操業度－総修繕費

ただし、ベースアップと金利は同じ率でアップするものとします。

## ❖ロボットの投資枠を設定する

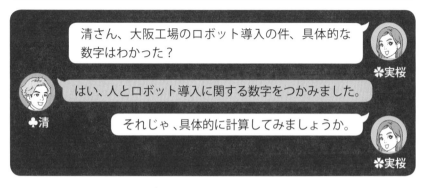

　大阪工場の人に関する費用は、直接費が4,500千円/年、間接費率が直接費の25％です。今回導入を検討しているロボットは、耐用年数が5年、操業度が80％で動力費が600千円/年、総修繕費（保守点検費など）が1,500千円/年かかると見積もっています。また、このロボットを導入すると80％の省人化が達成できます。この条件で設備投資金額を求めると14,100,000円になります。

---

設備投資金額 ＝ {年間直接費×（1＋間接費率）×省人化率
　　　　　　　　−年間動力費}×耐用年数×操業度−総修繕費
　　　　　　＝{4,500,000×（1＋0.25）×0.80
　　　　　　　　−600,000}×5×0.8−1,500,000
　　　　　　＝14,100,000円

---

　この金額までは投資が可能なので、この金額内で代替案を比較し、ライフサイクルコストが安い案を選びます。対象になるライフサイクルコストは、初期投資コストと運用コストです。

## ❖新しいロボットと古いロボットのどちらを使うか

　新しいロボットを導入したＭＥ社の大阪工場には、同じ能力を持つ旧型のロボットも5年前に導入されています。

あなたなら旧型・新型どちらのロボットを選びますか？

### 図表 ❻-⓱ 新・旧のロボットの比較

| | 旧型ロボット | 新型ロボット |
|---|---|---|
| 取得価格 | 10,000,000円 | 12,000,000円 |
| 耐用年数 | 5年 | 5年 |
| 減価償却費 | 0円/分<br>（償却済み） | 20円/分 |
| 動力費・<br>消耗品費 | 8円/分 | 5円/分 |
| 加工時間 | 8分/個 | 6分/個 |

新型ロボットの減価償却費

$$= \frac{12,000,000(円)}{5(年)\times2,000(時間)\times60}$$

$$= 20(円/分)$$

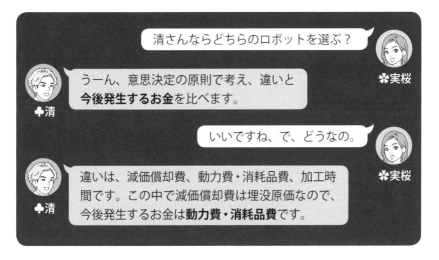

清さんならどちらのロボットを選ぶ？

うーん、意思決定の原則で考え、違いと**今後発生するお金**を比べます。

いいですね、で、どうなの。

違いは、減価償却費、動力費・消耗品費、加工時間です。この中で減価償却費は埋没原価なので、今後発生するお金は**動力費・消耗品費**です。

　旧型ロボットの動力費・消耗品費は、8円/分で加工時間が8分/個なので部品を1個製造するには64円/個（8円/分×8分/個）かかります。一方、新型ロボットの動力費・消耗品費は30円/個（5円/分×6分/個）なので、新型ロボットを選択します。

# テナントの価値を向上させる I C T 化を進めるか

●技術革新のスピードが速いＩＣＴ環境では回収期間を重視する傾向にあるが、排反案の選択は金額が優先する。

## ❖ ICT投資は回収期間とキャッシュフローのどちらを優先するか？

ＭＥ社の大阪支社では、オフィスビルの一部を関連する会社にテナントとして貸し出し、毎月800千円の賃料があります。しかしこのビルは竣工後20年経過し、ＩＣＴ環境が遅れています。そこで、ＩＣＴ化を進める2つの代替案を検討しました。A案は10,000千円の投資でハードウェアを中心にした内容です。この投資により賃料は毎月800千円で変わりませんが、電気料金が安くなり毎月260千円になります。B案はハードウェアにソフトウェアも含めた投資です。投資額は13,000千円ですが、この投資で毎月の賃料が880千円、電気料金が240千円になります。ＩＣＴ化の耐用年数は5年、投資額は全額銀行借り入れとし利率は年率3％です。

図表 ❻-⓲ ＩＣＴ化の投資案

| 代替案 | 投資額 | 賃料/月 | 電気料金/月 | キャッシュフロー/月 | 回収期間 |
|---|---|---|---|---|---|
| | ① | ② | ③ | ④=②－③ | ⑤=①÷④ |
| A案 | 10,000千円 | 800千円 | 260千円 | 540千円 | 18.5か月 |
| B案 | 13,000千円 | 880千円 | 240千円 | 640千円 | 20.3か月 |

♣清　大阪支社では、回収期間が短いA案を選択するそうです。

それはなぜなの？　❀実桜

ＩＣＴ化の耐用年数が５年と短いので、早く回収したいと言ってました。

♣清

排反案は利率を含めた金額を考えないとまずいんじゃない。

♣実桜

## ❖年価から月価を求めキャッシュフローを計算する

　投資額(現価)に資本回収係数を掛けて年価を求めますが、年価を12で割ると月価になります。Ａ案の月価は182千円、Ｂ案は237千円です。

Ａ案の月価　10,000千円$[P{\rightarrow}M]_5^3$÷12 = 10,000×0.218355
　　　　　　　　　　　　　　÷12 = 182千円

Ｂ案の月価　13,000千円$[P{\rightarrow}M]_5^3$÷12 = 237千円

　代替案の毎月のキャッシュフローは「賃料－電気代－月価」になり、Ａ案は358千円、Ｂ案は403千円で、45千円(403－358)の違いです。

Ａ案　800千円－260千円－182千円 = 358千円
Ｂ案　880千円－240千円－237千円 = 403千円

### 図表 ⑥-⑲ 毎月のキャッシュフロー

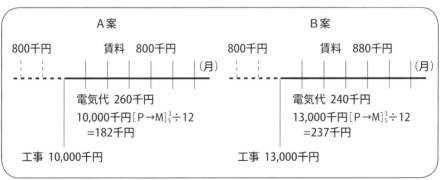

　キャッシュフローで回収期間を計算するとＡ案は27.9か月(10,000千円÷358千円/月)、Ｂ案は32.3か月(13,000千円÷403千円/月)です。Ｂ案を選んでも回収期間が耐用年数の60か月を超すことはありません。

# 能力不足の対策は<br>設備導入か他工場への移動か

●設備投資や移設など条件の異なる代替案から最適案を選択するには、キャッシュ<br>　フローを活用する。

## ❖設備投資案と移設案の概要を把握する

　5章 p.114 の例で、工場の利益を最大にする生産計画を検討した東京工場第1製造部は、A2製品の生産量を確保するために対策を検討しています。A2製品は、スループットが550円/個で年間販売可能数が30,000個ですが、現状では18,000個しか製造できていません。

ふみさん、工場の話を聞いてみた？

❖実桜

はーい、工場は設備投資をするか、ほかの工場に移転するかで迷っているみたいです。

♥ふみ

　投資案は次の3案で利率を5％としています。代替案Aは、生産能力が8,000個の機械設備を11,500,000円で導入します。これにより、変動費が低減してスループットが5％向上して577.5円（550円/個×1.05）になります。生産能力が10,000個のB案、12,000個のC案も検討しています。

### 図表 ❻-⓴ 設備投資の代替案

| 代替案 | 代替案A | 代替案B | 投資案C |
|---|---|---|---|
| ①A2生産能力〈個〉 | 8,000 | 10,000 | 12,000 |
| ②設備投資金額〈円〉 | 11,500,000 | 14,500,000 | 17,500,000 |
| ③耐用年数〈年〉 | 5 | 5 | 5 |
| 備　考 | 現状よりスループット（550円/個）が5%向上する | 現状よりスループットが10%向上する | 現状よりスループットが15%向上する |

また、近接する神奈川工場では能力に若干余裕があるので、A2関連の代用設備を神奈川工場に移設して製造する案も検討しています。

## ❖設備投資の最適案を選択する

代替案の年間のキャッシュフローを計算します。A案のキャッシュアウトとして、設備投資金額の年価を計算すると2,656,213円になります。

$$11,500,000[P \rightarrow M]_5^5 = 11,500,000 \times 0.230975$$
$$= 2,656,213 円$$

キャッシュインは、スループットの増大です。A案の年間のスループットは4,620,000円（577.5円/個×8,000個）になります。

これより、キャッシュフロー1,963,787円（4,620,000 − 2,656,213）が求まります。同じようにキャッシュフローを計算すると、B案は2,700,862円、C案は3,547,937円になり、この中ではC案が最適案になります。

このケースは追加投資の排反案なので、投資額の年価と年間スループットの増分を比べてもC案が選択されます。

### 図表 6-21 代替案のキャッシュフロー

| 代替案 | 代替案A | 代替案B | 投資案C |
|---|---|---|---|
| ①A2生産能力〈個〉 | 8,000 | 10,000 | 12,000 |
| ②設備投資金額〈円〉 | 11,500,000 | 14,500,000 | 17,500,000 |
| ③耐用年数〈年〉 | 5 | 5 | 5 |
| 備　考 | 現状よりスループット（550円/個）が5%向上する | 現状よりスループットが10%向上する | 現状よりスループットが15%向上する |
| ④資本回収係数 | 0.230975 | 0.230975 | 0.230975 |
| ⑤=②×④ 投資額年価〈円〉 | 2,656,213 | 3,349,138 | 4,042,063 |
| ⑥スループット/個〈円〉 | 550×1.05=577.5 | 550×1.1=605.0 | 550×1.15=632.5 |
| ⑦=①×⑥ 年間スループット〈円〉 | 4,620,000 | 6,050,000 | 7,590,000 |
| ⑧=⑦-⑤ キャッシュフロー | 1,963,787 | 2,700,862 | 3,547,937 |

## ❖神奈川工場の実態を把握する

　ＭＥ社の神奈川工場の第1製造部では、5種類の製品グループ(B1〜B5)を製造しています。経営企画部の指導で生産計画は時間当たりのスループットがよい順に製造しています。この工場の生産能力は年間で5,000時間ですが、年間の販売可能数をすべて製造しても年間製造時間は4,650時間なので、350時間(5,000 − 4,650)の余裕があります。

　そこで、A2関連の代用設備を東京工場から神奈川工場に移設する案を検討しました。移設により神奈川工場でA2製品を12,000個生産することが可能になりますが、神奈川工場の総製造時間は5,000時間のままです。また、A2関連の代用設備を移設しても東京工場の製造には影響しません。移設費用は、1,500,000円、利率は5％、期間は5年としています。

### 図表 ❻-㉒ 現状の神奈川工場の生産計画

| 神奈川工場　第1製造部 | B1 | B2 | B3 | B4 | B5 | |
|---|---|---|---|---|---|---|
| スループット/個〈円〉 | 440 | 480 | 520 | 550 | 620 | |
| 製造時間/個〈時間〉 | 0.04 | 0.02 | 0.05 | 0.01 | 0.04 | |
| スループット/時間〈円〉 | 11,000 | 24,000 | 10,400 | 55,000 | 15,500 | |
| 優先順位 | ④ | ② | ⑤ | ① | ③ | |
| 年間販売可能数〈個〉 | 40,000 | 30,000 | 30,000 | 35,000 | 15,000 | |
| 現状の生産計画 | | | | | | 合計 |
| 年間製造数量〈個〉 | 40,000 | 30,000 | 30,000 | 35,000 | 15,000 | 150,000 |
| 総スループット〈千円〉 | 17,600 | 14,400 | 15,600 | 19,250 | 9,300 | 76,150 |
| 年間製造時間 | 1,600 | 600 | 1,500 | 350 | 600 | 4,650 |

## ❖移設案と設備投資案を比較する

ふみさん、移設した後の神奈川工場の生産計画を
作ってくれる。

❀実桜

　A2を神奈川工場に移設すると製造する優先順位はB4、B2、B5、B1、A2、B3になります。この順番でA2を12,000個製造すると累計の時間は3,750時間（350＋600＋600＋1,600＋600）になり、残りは1,250時間（5,000－3,750）です。B3を1個製造するには0.05時間かかるので、1,250時間では25,000個（1,250÷0.05）製造できます。

### 図表 ❻-㉓ Ａ２移設後の神奈川工場の生産計画

| 神奈川工場　第1製造部 | B1 | B2 | B3 | B4 | B5 | A2 | |
|---|---|---|---|---|---|---|---|
| スループット/個〈円〉 | 440 | 480 | 520 | 550 | 620 | 550 | |
| 製造時間/個〈時間〉 | 0.04 | 0.02 | 0.05 | 0.01 | 0.04 | 0.05 | |
| スループット/時間〈円〉 | 11,000 | 24,000 | 10,400 | 55,000 | 15,500 | 11,000 | |
| 優先順位 | ④ | ② | ⑥ | ① | ③ | ⑤ | |
| 年間販売可能数〈個〉 | 40,000 | 30,000 | 30,000 | 35,000 | 15,000 | 12,000 | |
| 移設後の生産計画 | | | | | | | 合計 |
| 年間製造数量〈個〉 | 40,000 | 30,000 | 25,000 | 35,000 | 15,000 | 12,000 | 157,000 |
| 総スループット〈千円〉 | 17,600 | 14,400 | 13,000 | 19,250 | 9,300 | 6,600 | 80,150 |
| 年間製造時間 | 1,600 | 600 | 1,250 | 350 | 600 | 600 | 5,000 |

　**移設案のキャッシュアウトは移設費で346,463円（1,500,000[ P→M]$_5^5$ ＝1,500,000×0.230975）、キャッシュインは総スループットの増大で4,000千円（80,150－76,150）です。** これより、キャッシュフローは3,653,537円（4,000,000－346,463）になります。これは、設備投資のＣ案（3,547,937）よりも金額が大きいので、設備投資ではなく移設を選択します。

| | 1% | 3% | 5% | 6% | 7% | 8% | 10% | 12% |
|---|---|---|---|---|---|---|---|---|
| 1 | 1.010000 | 1.030000 | 1.050000 | 1.060000 | 1.070000 | 1.080000 | 1.100000 | 1.120000 |
| 2 | 1.020100 | 1.060900 | 1.102500 | 1.123600 | 1.144900 | 1.166400 | 1.210000 | 1.254400 |
| 3 | 1.030301 | 1.092727 | 1.157625 | 1.191016 | 1.225043 | 1.259712 | 1.331000 | 1.404928 |
| 4 | 1.040604 | 1.125509 | 1.215506 | 1.262477 | 1.310796 | 1.360489 | 1.464100 | 1.573519 |
| 5 | 1.051010 | 1.159274 | 1.276282 | 1.338226 | 1.402552 | 1.469328 | 1.610510 | 1.762342 |
| 6 | 1.061520 | 1.194052 | 1.340096 | 1.418519 | 1.500730 | 1.586874 | 1.771561 | 1.973823 |
| 7 | 1.072135 | 1.229874 | 1.407100 | 1.503630 | 1.605781 | 1.713824 | 1.948717 | 2.210681 |
| 8 | 1.082857 | 1.266770 | 1.477455 | 1.593848 | 1.718186 | 1.850930 | 2.143589 | 2.475963 |
| 9 | 1.093685 | 1.304773 | 1.551328 | 1.689479 | 1.838459 | 1.999005 | 2.357948 | 2.773079 |
| 10 | 1.104622 | 1.343916 | 1.628895 | 1.790848 | 1.967151 | 2.158925 | 2.593742 | 3.105848 |
| 11 | 1.115668 | 1.384234 | 1.710339 | 1.898299 | 2.104852 | 2.331639 | 2.853117 | 3.478550 |
| 12 | 1.126825 | 1.425761 | 1.795856 | 2.012196 | 2.252192 | 2.518170 | 3.138428 | 3.895976 |
| 13 | 1.138093 | 1.468534 | 1.885649 | 2.132928 | 2.409845 | 2.719624 | 3.452271 | 4.363493 |
| 14 | 1.149474 | 1.512590 | 1.979932 | 2.260904 | 2.578534 | 2.937194 | 3.797498 | 4.887112 |
| 15 | 1.160969 | 1.557967 | 2.078928 | 2.396558 | 2.759032 | 3.172169 | 4.177248 | 5.473566 |
| 16 | 1.172579 | 1.604706 | 2.182875 | 2.540352 | 2.952164 | 3.425943 | 4.594973 | 6.130394 |
| 17 | 1.184304 | 1.652848 | 2.292018 | 2.692773 | 3.158815 | 3.700018 | 5.054470 | 6.866041 |
| 18 | 1.196147 | 1.702433 | 2.406619 | 2.854339 | 3.379932 | 3.996019 | 5.559917 | 7.689966 |
| 19 | 1.208109 | 1.753506 | 2.526950 | 3.025600 | 3.616528 | 4.315701 | 6.115909 | 8.612762 |
| 20 | 1.220190 | 1.806111 | 2.653298 | 3.207135 | 3.869684 | 4.660957 | 6.727500 | 9.646293 |
| 21 | 1.232392 | 1.860295 | 2.785963 | 3.399564 | 4.140562 | 5.033834 | 7.400250 | 10.803848 |
| 22 | 1.244716 | 1.916103 | 2.925261 | 3.603537 | 4.430402 | 5.436540 | 8.140275 | 12.100310 |
| 23 | 1.257163 | 1.973587 | 3.071524 | 3.819750 | 4.740530 | 5.871464 | 8.954302 | 13.552347 |
| 24 | 1.269735 | 2.032794 | 3.225100 | 4.048935 | 5.072367 | 6.341181 | 9.849733 | 15.178629 |
| 25 | 1.282432 | 2.093778 | 3.386355 | 4.291871 | 5.427433 | 6.848475 | 10.834706 | 17.000064 |
| 26 | 1.295256 | 2.156591 | 3.555673 | 4.549383 | 5.807353 | 7.396353 | 11.918177 | 19.040072 |
| 27 | 1.308209 | 2.221289 | 3.733456 | 4.822346 | 6.213868 | 7.988061 | 13.109994 | 21.324881 |
| 28 | 1.321291 | 2.287928 | 3.920129 | 5.111687 | 6.648838 | 8.627106 | 14.420994 | 23.883866 |
| 29 | 1.334504 | 2.356566 | 4.116136 | 5.418388 | 7.114257 | 9.317275 | 15.863093 | 26.749930 |
| 30 | 1.347849 | 2.427262 | 4.321942 | 5.743491 | 7.612255 | 10.062657 | 17.449402 | 29.959922 |
| 32 | 1.374941 | 2.575083 | 4.764941 | 6.453387 | 8.715271 | 11.737083 | 21.113777 | 37.581726 |
| 34 | 1.402577 | 2.731905 | 5.253348 | 7.251025 | 9.978114 | 13.690134 | 25.547670 | 47.142517 |
| 36 | 1.430769 | 2.898278 | 5.791816 | 8.147252 | 11.423942 | 15.968172 | 30.912681 | 59.135574 |
| 38 | 1.459527 | 3.074783 | 6.385477 | 9.154252 | 13.079271 | 18.625276 | 37.404343 | 74.179664 |
| 40 | 1.488864 | 3.262038 | 7.039989 | 10.285718 | 14.974458 | 21.724521 | 45.259256 | 93.050970 |
| 44 | 1.549318 | 3.671452 | 8.557150 | 12.985482 | 19.628460 | 29.555972 | 66.264076 | 146.417503 |
| 48 | 1.612226 | 4.132252 | 10.401270 | 16.393872 | 25.728907 | 40.210573 | 97.017234 | 230.390776 |
| 52 | 1.677689 | 4.650886 | 12.642808 | 20.696885 | 33.725348 | 54.706041 | 142.042932 | 362.524347 |
| 56 | 1.745810 | 5.234613 | 15.367412 | 26.129341 | 44.207052 | 74.426965 | 207.965057 | 570.439078 |
| 60 | 1.816697 | 5.891603 | 18.679186 | 32.987691 | 57.946427 | 101.257064 | 304.481640 | 897.596933 |
| 70 | 2.006763 | 7.917822 | 30.426426 | 59.075930 | 113.989392 | 218.606406 | 789.746957 | 2787.799828 |
| 80 | 2.216715 | 10.640891 | 49.561441 | 105.795993 | 224.234388 | 471.954834 | 2048.400215 | 8658.483100 |
| 90 | 2.448633 | 14.300467 | 80.730365 | 189.464511 | 441.102980 | 1018.915089 | 5313.022612 | 26891.934223 |
| 100 | 2.704814 | 19.218632 | 131.501258 | 339.302084 | 867.716326 | 2199.761256 | 13780.612340 | 83522.265727 |
| 110 | 2.987797 | 25.828234 | 214.201692 | 607.638355 | 1706.929348 | 4749.119564 | 35743.359352 | |
| 120 | 3.300387 | 34.710987 | 348.911986 | 1088.187748 | 3357.788383 | 10252.992943 | 92709.068818 | |

| | 0.50% | 1% | 2% | 3% | 4% | 6% | 7% |
|---|---|---|---|---|---|---|---|
| | 現価係数 | $[S \to P]_n^i : \dfrac{1}{(1+i)^n}$ | | | | | |

| | 0.50% | 1% | 2% | 3% | 4% | 6% | 7% |
|---|---|---|---|---|---|---|---|
| 1 | 0.995025 | 0.990099 | 0.980392 | 0.970874 | 0.961538 | 0.943396 | 0.934579 |
| 2 | 0.990075 | 0.980296 | 0.961169 | 0.942596 | 0.924556 | 0.889996 | 0.873439 |
| 3 | 0.985149 | 0.970590 | 0.942322 | 0.915142 | 0.888996 | 0.839619 | 0.816298 |
| 4 | 0.980248 | 0.960980 | 0.923845 | 0.888487 | 0.854804 | 0.792094 | 0.762895 |
| 5 | 0.975371 | 0.951466 | 0.905731 | 0.862609 | 0.821927 | 0.747258 | 0.712986 |
| 6 | 0.970518 | 0.942045 | 0.887971 | 0.837484 | 0.790315 | 0.704961 | 0.666342 |
| 7 | 0.965690 | 0.932718 | 0.870560 | 0.813092 | 0.759918 | 0.665057 | 0.622750 |
| 8 | 0.960885 | 0.923483 | 0.853490 | 0.789409 | 0.730690 | 0.627412 | 0.582009 |
| 9 | 0.956105 | 0.914340 | 0.836755 | 0.766417 | 0.702587 | 0.591898 | 0.543934 |
| 10 | 0.951348 | 0.905287 | 0.820348 | 0.744094 | 0.675564 | 0.558395 | 0.508349 |
| 11 | 0.946615 | 0.896324 | 0.804263 | 0.722421 | 0.649581 | 0.526788 | 0.475093 |
| 12 | 0.941905 | 0.887449 | 0.788493 | 0.701380 | 0.624597 | 0.496969 | 0.444012 |
| 13 | 0.937219 | 0.878663 | 0.773033 | 0.680951 | 0.600574 | 0.468839 | 0.414964 |
| 14 | 0.932556 | 0.869963 | 0.757875 | 0.661118 | 0.577475 | 0.442301 | 0.387817 |
| 15 | 0.927917 | 0.861349 | 0.743015 | 0.641862 | 0.555265 | 0.417265 | 0.362446 |
| 16 | 0.923300 | 0.852821 | 0.728446 | 0.623167 | 0.533908 | 0.393646 | 0.338735 |
| 17 | 0.918707 | 0.844377 | 0.714163 | 0.605016 | 0.513373 | 0.371364 | 0.316574 |
| 18 | 0.914136 | 0.836017 | 0.700159 | 0.587395 | 0.493628 | 0.350344 | 0.295864 |
| 19 | 0.909588 | 0.827740 | 0.686431 | 0.570286 | 0.474642 | 0.330513 | 0.276508 |
| 20 | 0.905063 | 0.819544 | 0.672971 | 0.553676 | 0.456387 | 0.311805 | 0.258419 |
| 21 | 0.900560 | 0.811430 | 0.659776 | 0.537549 | 0.438834 | 0.294155 | 0.241513 |
| 22 | 0.896080 | 0.803396 | 0.646839 | 0.521893 | 0.421955 | 0.277505 | 0.225713 |
| 23 | 0.891622 | 0.795442 | 0.634156 | 0.506692 | 0.405726 | 0.261797 | 0.210947 |
| 24 | 0.887186 | 0.787566 | 0.621721 | 0.491934 | 0.390121 | 0.246979 | 0.197147 |
| 25 | 0.882772 | 0.779768 | 0.609531 | 0.477606 | 0.375117 | 0.232999 | 0.184249 |
| 26 | 0.878380 | 0.772048 | 0.597579 | 0.463695 | 0.360689 | 0.219810 | 0.172195 |
| 27 | 0.874010 | 0.764404 | 0.585862 | 0.450189 | 0.346817 | 0.207368 | 0.160930 |
| 28 | 0.869662 | 0.756836 | 0.574375 | 0.437077 | 0.333477 | 0.195630 | 0.150402 |
| 29 | 0.865335 | 0.749342 | 0.563112 | 0.424346 | 0.320651 | 0.184557 | 0.140563 |
| 30 | 0.861030 | 0.741923 | 0.552071 | 0.411987 | 0.308319 | 0.174110 | 0.131367 |
| 32 | 0.852484 | 0.727304 | 0.530633 | 0.388337 | 0.285058 | 0.154957 | 0.114741 |
| 34 | 0.844022 | 0.712973 | 0.510028 | 0.366045 | 0.263552 | 0.137912 | 0.100219 |
| 36 | 0.835645 | 0.698925 | 0.490223 | 0.345032 | 0.243669 | 0.122741 | 0.087535 |
| 38 | 0.827351 | 0.685153 | 0.471187 | 0.325226 | 0.225285 | 0.109239 | 0.076457 |
| 40 | 0.819139 | 0.671653 | 0.452890 | 0.306557 | 0.208289 | 0.097222 | 0.066780 |
| 44 | 0.802959 | 0.645445 | 0.418401 | 0.272372 | 0.178046 | 0.077009 | 0.050946 |
| 48 | 0.787098 | 0.620260 | 0.386538 | 0.241999 | 0.152195 | 0.060998 | 0.038867 |
| 52 | 0.771551 | 0.596058 | 0.357101 | 0.215013 | 0.130097 | 0.048316 | 0.029651 |
| 56 | 0.756311 | 0.572800 | 0.329906 | 0.191036 | 0.111207 | 0.038271 | 0.022621 |
| 60 | 0.741372 | 0.550450 | 0.304782 | 0.169733 | 0.095060 | 0.030314 | 0.017257 |
| 70 | 0.705303 | 0.498315 | 0.250028 | 0.126297 | 0.064219 | 0.016927 | 0.008773 |
| 80 | 0.670988 | 0.451118 | 0.205110 | 0.093977 | 0.043384 | 0.009452 | 0.004460 |
| 90 | 0.638344 | 0.408391 | 0.168261 | 0.069928 | 0.029309 | 0.005278 | 0.002267 |
| 100 | 0.607287 | 0.369711 | 0.138033 | 0.052033 | 0.019800 | 0.002947 | 0.001152 |
| 110 | 0.577741 | 0.334695 | 0.113235 | 0.038717 | 0.013376 | 0.001646 | 0.000586 |
| 120 | 0.549633 | 0.302995 | 0.092892 | 0.028809 | 0.009036 | 0.000919 | 0.000298 |

現価係数 $[S \rightarrow P]_n^i : \dfrac{1}{(1+i)^n}$

| | 8% | 9% | 10% | 11% | 12% | 13% | 14% | 15% |
|---|---|---|---|---|---|---|---|---|
| 1 | 0.925926 | 0.917431 | 0.909091 | 0.900901 | 0.892857 | 0.884956 | 0.877193 | 0.869565 |
| 2 | 0.857339 | 0.841680 | 0.826446 | 0.811622 | 0.797194 | 0.783147 | 0.769468 | 0.756144 |
| 3 | 0.793832 | 0.772183 | 0.751315 | 0.731191 | 0.711780 | 0.693050 | 0.674972 | 0.657516 |
| 4 | 0.735030 | 0.708425 | 0.683013 | 0.658731 | 0.635518 | 0.613319 | 0.592080 | 0.571753 |
| 5 | 0.680583 | 0.649931 | 0.620921 | 0.593451 | 0.567427 | 0.542760 | 0.519369 | 0.497177 |
| 6 | 0.630170 | 0.596267 | 0.564474 | 0.534641 | 0.506631 | 0.480319 | 0.455587 | 0.432328 |
| 7 | 0.583490 | 0.547034 | 0.513158 | 0.481658 | 0.452349 | 0.425061 | 0.399637 | 0.375937 |
| 8 | 0.540269 | 0.501866 | 0.466507 | 0.433926 | 0.403883 | 0.376160 | 0.350559 | 0.326902 |
| 9 | 0.500249 | 0.460428 | 0.424098 | 0.390925 | 0.360610 | 0.332885 | 0.307508 | 0.284262 |
| 10 | 0.463193 | 0.422411 | 0.385543 | 0.352184 | 0.321973 | 0.294588 | 0.269744 | 0.247185 |
| 11 | 0.428883 | 0.387533 | 0.350494 | 0.317283 | 0.287476 | 0.260698 | 0.236617 | 0.214943 |
| 12 | 0.397114 | 0.355535 | 0.318631 | 0.285841 | 0.256675 | 0.230706 | 0.207559 | 0.186907 |
| 13 | 0.367698 | 0.326179 | 0.289664 | 0.257514 | 0.229174 | 0.204165 | 0.182069 | 0.162528 |
| 14 | 0.340461 | 0.299246 | 0.263331 | 0.231995 | 0.204620 | 0.180677 | 0.159710 | 0.141329 |
| 15 | 0.315242 | 0.274538 | 0.239392 | 0.209004 | 0.182696 | 0.159891 | 0.140096 | 0.122894 |
| 16 | 0.291890 | 0.251870 | 0.217629 | 0.188292 | 0.163122 | 0.141496 | 0.122892 | 0.106865 |
| 17 | 0.270269 | 0.231073 | 0.197845 | 0.169633 | 0.145644 | 0.125218 | 0.107800 | 0.092926 |
| 18 | 0.250249 | 0.211994 | 0.179859 | 0.152822 | 0.130040 | 0.110812 | 0.094561 | 0.080805 |
| 19 | 0.231712 | 0.194490 | 0.163508 | 0.137678 | 0.116107 | 0.098064 | 0.082948 | 0.070265 |
| 20 | 0.214548 | 0.178431 | 0.148644 | 0.124034 | 0.103667 | 0.086782 | 0.072762 | 0.061100 |
| 21 | 0.198656 | 0.163698 | 0.135131 | 0.111742 | 0.092560 | 0.076798 | 0.063826 | 0.053131 |
| 22 | 0.183941 | 0.150182 | 0.122846 | 0.100669 | 0.082643 | 0.067963 | 0.055988 | 0.046201 |
| 23 | 0.170315 | 0.137781 | 0.111678 | 0.090693 | 0.073788 | 0.060144 | 0.049112 | 0.040174 |
| 24 | 0.157699 | 0.126405 | 0.101526 | 0.081705 | 0.065882 | 0.053225 | 0.043081 | 0.034934 |
| 25 | 0.146018 | 0.115968 | 0.092296 | 0.073608 | 0.058823 | 0.047102 | 0.037790 | 0.030378 |
| 26 | 0.135202 | 0.106393 | 0.083905 | 0.066314 | 0.052521 | 0.041683 | 0.033149 | 0.026415 |
| 27 | 0.125187 | 0.097608 | 0.076278 | 0.059742 | 0.046894 | 0.036888 | 0.029078 | 0.022970 |
| 28 | 0.115914 | 0.089548 | 0.069343 | 0.053822 | 0.041869 | 0.032644 | 0.025507 | 0.019974 |
| 29 | 0.107328 | 0.082155 | 0.063039 | 0.048488 | 0.037383 | 0.028889 | 0.022375 | 0.017369 |
| 30 | 0.099377 | 0.075371 | 0.057309 | 0.043683 | 0.033378 | 0.025565 | 0.019627 | 0.015103 |
| 32 | 0.085200 | 0.063438 | 0.047362 | 0.035454 | 0.026609 | 0.020021 | 0.015102 | 0.011420 |
| 34 | 0.073045 | 0.053395 | 0.039143 | 0.028775 | 0.021212 | 0.015680 | 0.011621 | 0.008635 |
| 36 | 0.062625 | 0.044941 | 0.032349 | 0.023355 | 0.016910 | 0.012279 | 0.008942 | 0.006529 |
| 38 | 0.053690 | 0.037826 | 0.026735 | 0.018955 | 0.013481 | 0.009617 | 0.006880 | 0.004937 |
| 40 | 0.046031 | 0.031838 | 0.022095 | 0.015384 | 0.010747 | 0.007531 | 0.005294 | 0.003733 |
| 44 | 0.033834 | 0.022555 | 0.015091 | 0.010134 | 0.006830 | 0.004619 | 0.003135 | 0.002134 |
| 48 | 0.024869 | 0.015978 | 0.010307 | 0.006676 | 0.004340 | 0.002833 | 0.001856 | 0.001220 |
| 52 | 0.018280 | 0.011319 | 0.007040 | 0.004397 | 0.002758 | 0.001737 | 0.001099 | 0.000698 |
| 56 | 0.013436 | 0.008019 | 0.004809 | 0.002897 | 0.001753 | 0.001066 | 0.000651 | 0.000399 |
| 60 | 0.009876 | 0.005681 | 0.003284 | 0.001908 | 0.001114 | 0.000654 | 0.000385 | 0.000228 |
| 70 | 0.004574 | 0.002400 | 0.001266 | 0.000672 | 0.000359 | 0.000193 | 0.000104 | 0.000056 |
| 80 | 0.002119 | 0.001014 | 0.000488 | 0.000237 | 0.000115 | 0.000057 | 0.000028 | 0.000014 |
| 90 | 0.000981 | 0.000428 | 0.000188 | 0.000083 | 0.000037 | 0.000017 | 0.000008 | 0.000003 |
| 100 | 0.000455 | 0.000181 | 0.000073 | 0.000029 | 0.000012 | 0.000005 | 0.000002 | 0.000001 |
| 110 | 0.000211 | 0.000076 | 0.000028 | 0.000010 | 0.000004 | 0.000001 | 0.000001 | 0.000000 |
| 120 | 0.000098 | 0.000032 | 0.000011 | 0.000004 | 0.000001 | 0.000000 | 0.000000 | 0.000000 |

資本回収係数　$[P \to M]_n^i : \dfrac{i(1+i)^n}{(1+i)^n - 1}$

| | 0.50% | 1% | 2% | 3% | 4% | 5% | 6% | 7% |
|---|---|---|---|---|---|---|---|---|
| 1 | 1.005000 | 1.010000 | 1.020000 | 1.030000 | 1.040000 | 1.050000 | 1.060000 | 1.070000 |
| 2 | 0.503753 | 0.507512 | 0.515050 | 0.522611 | 0.530196 | 0.537805 | 0.545437 | 0.553092 |
| 3 | 0.336672 | 0.340022 | 0.346755 | 0.353530 | 0.360349 | 0.367209 | 0.374110 | 0.381052 |
| 4 | 0.253133 | 0.256281 | 0.262624 | 0.269027 | 0.275490 | 0.282012 | 0.288591 | 0.295228 |
| 5 | 0.203010 | 0.206040 | 0.212158 | 0.218355 | 0.224627 | 0.230975 | 0.237396 | 0.243891 |
| 6 | 0.169595 | 0.172548 | 0.178526 | 0.184598 | 0.190762 | 0.197017 | 0.203363 | 0.209796 |
| 7 | 0.145729 | 0.148628 | 0.154512 | 0.160506 | 0.166610 | 0.172820 | 0.179135 | 0.185553 |
| 8 | 0.127829 | 0.130690 | 0.136510 | 0.142456 | 0.148528 | 0.154722 | 0.161036 | 0.167468 |
| 9 | 0.113907 | 0.116740 | 0.122515 | 0.128434 | 0.134493 | 0.140690 | 0.147022 | 0.153486 |
| 10 | 0.102771 | 0.105582 | 0.111327 | 0.117231 | 0.123291 | 0.129505 | 0.135868 | 0.142378 |
| 11 | 0.093659 | 0.096454 | 0.102178 | 0.108077 | 0.114149 | 0.120389 | 0.126793 | 0.133357 |
| 12 | 0.086066 | 0.088849 | 0.094560 | 0.100462 | 0.106552 | 0.112825 | 0.119277 | 0.125902 |
| 13 | 0.079642 | 0.082415 | 0.088118 | 0.094030 | 0.100144 | 0.106456 | 0.112960 | 0.119651 |
| 14 | 0.074136 | 0.076901 | 0.082602 | 0.088526 | 0.094669 | 0.101024 | 0.107585 | 0.114345 |
| 15 | 0.069364 | 0.072124 | 0.077825 | 0.083767 | 0.089941 | 0.096342 | 0.102963 | 0.109795 |
| 16 | 0.065189 | 0.067945 | 0.073650 | 0.079611 | 0.085820 | 0.092270 | 0.098952 | 0.105858 |
| 17 | 0.061506 | 0.064258 | 0.069970 | 0.075953 | 0.082199 | 0.088699 | 0.095445 | 0.102425 |
| 18 | 0.058232 | 0.060982 | 0.066702 | 0.072709 | 0.078993 | 0.085546 | 0.092357 | 0.099413 |
| 19 | 0.055303 | 0.058052 | 0.063782 | 0.069814 | 0.076139 | 0.082745 | 0.089621 | 0.096753 |
| 20 | 0.052666 | 0.055415 | 0.061157 | 0.067216 | 0.073582 | 0.080243 | 0.087185 | 0.094393 |
| 21 | 0.050282 | 0.053031 | 0.058785 | 0.064872 | 0.071280 | 0.077996 | 0.085005 | 0.092289 |
| 22 | 0.048114 | 0.050864 | 0.056631 | 0.062747 | 0.069199 | 0.075971 | 0.083046 | 0.090406 |
| 23 | 0.046135 | 0.048886 | 0.054668 | 0.060814 | 0.067309 | 0.074137 | 0.081278 | 0.088714 |
| 24 | 0.044321 | 0.047073 | 0.052871 | 0.059047 | 0.065587 | 0.072471 | 0.079679 | 0.087189 |
| 25 | 0.042652 | 0.045407 | 0.051220 | 0.057428 | 0.064012 | 0.070952 | 0.078227 | 0.085811 |
| 26 | 0.041112 | 0.043869 | 0.049699 | 0.055938 | 0.062567 | 0.069564 | 0.076904 | 0.084561 |
| 27 | 0.039686 | 0.042446 | 0.048293 | 0.054564 | 0.061239 | 0.068292 | 0.075697 | 0.083426 |
| 28 | 0.038362 | 0.041124 | 0.046990 | 0.053293 | 0.060013 | 0.067123 | 0.074593 | 0.082392 |
| 29 | 0.037129 | 0.039895 | 0.045778 | 0.052115 | 0.058880 | 0.066046 | 0.073580 | 0.081449 |
| 30 | 0.035979 | 0.038748 | 0.044650 | 0.051019 | 0.057830 | 0.065051 | 0.072649 | 0.080586 |
| 32 | 0.033895 | 0.036671 | 0.042611 | 0.049047 | 0.055949 | 0.063280 | 0.071002 | 0.079073 |
| 34 | 0.032056 | 0.034840 | 0.040819 | 0.047322 | 0.054315 | 0.061755 | 0.069598 | 0.077797 |
| 36 | 0.030422 | 0.033214 | 0.039233 | 0.045804 | 0.052887 | 0.060434 | 0.068395 | 0.076715 |
| 38 | 0.028960 | 0.031761 | 0.037821 | 0.044459 | 0.051632 | 0.059284 | 0.067358 | 0.075795 |
| 40 | 0.027646 | 0.030456 | 0.036556 | 0.043262 | 0.050523 | 0.058278 | 0.066462 | 0.075009 |
| 44 | 0.025375 | 0.028204 | 0.034388 | 0.041230 | 0.048665 | 0.056616 | 0.065006 | 0.073758 |
| 48 | 0.023485 | 0.026334 | 0.032602 | 0.039578 | 0.047181 | 0.055318 | 0.063898 | 0.072831 |
| 52 | 0.021887 | 0.024756 | 0.031109 | 0.038217 | 0.045982 | 0.054294 | 0.063046 | 0.072139 |
| 56 | 0.020518 | 0.023408 | 0.029847 | 0.037084 | 0.045005 | 0.053480 | 0.062388 | 0.071620 |
| 60 | 0.019333 | 0.022244 | 0.028768 | 0.036133 | 0.044202 | 0.052828 | 0.061876 | 0.071229 |
| 70 | 0.016967 | 0.019933 | 0.026668 | 0.034337 | 0.042745 | 0.051699 | 0.061033 | 0.070620 |
| 80 | 0.015197 | 0.018219 | 0.025161 | 0.033112 | 0.041814 | 0.051030 | 0.060573 | 0.070314 |
| 90 | 0.013825 | 0.016903 | 0.024046 | 0.032256 | 0.041208 | 0.050627 | 0.060318 | 0.070159 |
| 100 | 0.012732 | 0.015866 | 0.023203 | 0.031647 | 0.040808 | 0.050383 | 0.060177 | 0.070081 |
| 110 | 0.011841 | 0.015031 | 0.022554 | 0.031208 | 0.040542 | 0.050235 | 0.060099 | 0.070041 |
| 120 | 0.011102 | 0.014347 | 0.022048 | 0.030890 | 0.040365 | 0.050144 | 0.060055 | 0.070021 |

| | 8% | 9% | 10% | 11% | 12% | 13% | 14% | 15% |
|---|---|---|---|---|---|---|---|---|
| | 資本回収係数　　$[P{\rightarrow}M]_n^i : \dfrac{i(1+i)^n}{(1+i)^n-1}$ | | | | | | | |

| | 8% | 9% | 10% | 11% | 12% | 13% | 14% | 15% |
|---|---|---|---|---|---|---|---|---|
| 1 | 1.08000 | 1.09000 | 1.10000 | 1.11000 | 1.12000 | 1.13000 | 1.14000 | 1.15000 |
| 2 | 0.560769 | 0.568469 | 0.576190 | 0.583934 | 0.591698 | 0.599484 | 0.607290 | 0.615116 |
| 3 | 0.388034 | 0.395055 | 0.402115 | 0.409213 | 0.416349 | 0.423522 | 0.430731 | 0.437977 |
| 4 | 0.301921 | 0.308669 | 0.315471 | 0.322326 | 0.329234 | 0.336194 | 0.343205 | 0.350265 |
| 5 | 0.250456 | 0.257092 | 0.263797 | 0.270570 | 0.277410 | 0.284315 | 0.291284 | 0.298316 |
| 6 | 0.216315 | 0.222920 | 0.229607 | 0.236377 | 0.243226 | 0.250153 | 0.257157 | 0.264237 |
| 7 | 0.192072 | 0.198691 | 0.205405 | 0.212215 | 0.219118 | 0.226111 | 0.233192 | 0.240360 |
| 8 | 0.174015 | 0.180674 | 0.187444 | 0.194321 | 0.201303 | 0.208387 | 0.215570 | 0.222850 |
| 9 | 0.160080 | 0.166799 | 0.173641 | 0.180602 | 0.187679 | 0.194869 | 0.202168 | 0.209574 |
| 10 | 0.149029 | 0.155820 | 0.162745 | 0.169801 | 0.176984 | 0.184290 | 0.191714 | 0.199252 |
| 11 | 0.140076 | 0.146947 | 0.153963 | 0.161121 | 0.168415 | 0.175841 | 0.183394 | 0.191069 |
| 12 | 0.132695 | 0.139651 | 0.146763 | 0.154027 | 0.161437 | 0.168986 | 0.176669 | 0.184481 |
| 13 | 0.126522 | 0.133567 | 0.140779 | 0.148151 | 0.155677 | 0.163350 | 0.171164 | 0.179110 |
| 14 | 0.121297 | 0.128433 | 0.135746 | 0.143228 | 0.150871 | 0.158667 | 0.166609 | 0.174688 |
| 15 | 0.116830 | 0.124059 | 0.131474 | 0.139065 | 0.146824 | 0.154742 | 0.162809 | 0.171017 |
| 16 | 0.112977 | 0.120300 | 0.127817 | 0.135517 | 0.143390 | 0.151426 | 0.159615 | 0.167948 |
| 17 | 0.109629 | 0.117046 | 0.124664 | 0.132471 | 0.140457 | 0.148608 | 0.156915 | 0.165367 |
| 18 | 0.106702 | 0.114212 | 0.121930 | 0.129843 | 0.137937 | 0.146201 | 0.154621 | 0.163186 |
| 19 | 0.104128 | 0.111730 | 0.119547 | 0.127563 | 0.135763 | 0.144134 | 0.152663 | 0.161336 |
| 20 | 0.101852 | 0.109546 | 0.117460 | 0.125576 | 0.133879 | 0.142354 | 0.150986 | 0.159761 |
| 21 | 0.099832 | 0.107617 | 0.115624 | 0.123838 | 0.132240 | 0.140814 | 0.149545 | 0.158417 |
| 22 | 0.098032 | 0.105905 | 0.114005 | 0.122313 | 0.130811 | 0.139479 | 0.148303 | 0.157266 |
| 23 | 0.096422 | 0.104382 | 0.112572 | 0.120971 | 0.129560 | 0.138319 | 0.147231 | 0.156278 |
| 24 | 0.094978 | 0.103023 | 0.111300 | 0.119787 | 0.128463 | 0.137308 | 0.146303 | 0.155430 |
| 25 | 0.093679 | 0.101806 | 0.110168 | 0.118740 | 0.127500 | 0.136426 | 0.145498 | 0.154699 |
| 26 | 0.092507 | 0.100715 | 0.109159 | 0.117813 | 0.126652 | 0.135655 | 0.144800 | 0.154070 |
| 27 | 0.091448 | 0.099735 | 0.108258 | 0.116989 | 0.125904 | 0.134979 | 0.144193 | 0.153526 |
| 28 | 0.090489 | 0.098852 | 0.107451 | 0.116257 | 0.125244 | 0.134387 | 0.143664 | 0.153057 |
| 29 | 0.089619 | 0.098056 | 0.106728 | 0.115605 | 0.124660 | 0.133867 | 0.143204 | 0.152651 |
| 30 | 0.088827 | 0.097336 | 0.106079 | 0.115025 | 0.124144 | 0.133411 | 0.142803 | 0.152300 |
| 32 | 0.087451 | 0.096096 | 0.104972 | 0.114043 | 0.123280 | 0.132656 | 0.142147 | 0.151733 |
| 34 | 0.086304 | 0.095077 | 0.104074 | 0.113259 | 0.122601 | 0.132071 | 0.141646 | 0.151307 |
| 36 | 0.085345 | 0.094235 | 0.103343 | 0.112630 | 0.122064 | 0.131616 | 0.141263 | 0.150986 |
| 38 | 0.084539 | 0.093538 | 0.102747 | 0.112125 | 0.121640 | 0.131262 | 0.140970 | 0.150744 |
| 40 | 0.083860 | 0.092960 | 0.102259 | 0.111719 | 0.121304 | 0.130986 | 0.140745 | 0.150562 |
| 44 | 0.082802 | 0.092077 | 0.101532 | 0.111126 | 0.120825 | 0.130603 | 0.140440 | 0.150321 |
| 48 | 0.082040 | 0.091461 | 0.101041 | 0.110739 | 0.120523 | 0.130369 | 0.140260 | 0.150183 |
| 52 | 0.081490 | 0.091030 | 0.100709 | 0.110486 | 0.120332 | 0.130226 | 0.140154 | 0.150105 |
| 56 | 0.081090 | 0.090728 | 0.100483 | 0.110320 | 0.120211 | 0.130139 | 0.140091 | 0.150060 |
| 60 | 0.080798 | 0.090514 | 0.100330 | 0.110210 | 0.120134 | 0.130085 | 0.140054 | 0.150034 |
| 70 | 0.080368 | 0.090216 | 0.100127 | 0.110074 | 0.120043 | 0.130025 | 0.140015 | 0.150008 |
| 80 | 0.080170 | 0.090091 | 0.100049 | 0.110026 | 0.120014 | 0.130007 | 0.140004 | 0.150002 |
| 90 | 0.080079 | 0.090039 | 0.100019 | 0.110009 | 0.120004 | 0.130002 | 0.140001 | 0.150001 |
| 100 | 0.080036 | 0.090016 | 0.100007 | 0.110003 | 0.120001 | 0.130001 | 0.140000 | 0.150000 |
| 110 | 0.080017 | 0.090007 | 0.100003 | 0.110001 | 0.120000 | 0.130000 | 0.140000 | 0.150000 |
| 120 | 0.080008 | 0.090003 | 0.100001 | 0.110000 | 0.120000 | 0.130000 | 0.140000 | 0.150000 |

| | 年金現価係数　[M→P]$_n^i$：$\dfrac{(1+i)^n-1}{i(1+i)^n}$ | | | | | | | |
|---|---|---|---|---|---|---|---|---|
| | 1% | 3% | 5% | 6% | 7% | 8% | 10% | 12% |
| 1 | 0.990099 | 0.970874 | 0.952381 | 0.943396 | 0.934579 | 0.925926 | 0.909091 | 0.892857 |
| 2 | 1.970395 | 1.913470 | 1.859410 | 1.833393 | 1.808018 | 1.783265 | 1.735537 | 1.690051 |
| 3 | 2.940985 | 2.828611 | 2.723248 | 2.673012 | 2.624316 | 2.577097 | 2.486852 | 2.401831 |
| 4 | 3.901966 | 3.717098 | 3.545951 | 3.465106 | 3.387211 | 3.312127 | 3.169865 | 3.037349 |
| 5 | 4.853431 | 4.579707 | 4.329477 | 4.212364 | 4.100197 | 3.992710 | 3.790787 | 3.604776 |
| 6 | 5.795476 | 5.417191 | 5.075692 | 4.917324 | 4.766540 | 4.622880 | 4.355261 | 4.111407 |
| 7 | 6.728195 | 6.230283 | 5.786373 | 5.582381 | 5.389289 | 5.206370 | 4.868419 | 4.563757 |
| 8 | 7.651678 | 7.019692 | 6.463213 | 6.209794 | 5.971299 | 5.746639 | 5.334926 | 4.967640 |
| 9 | 8.566018 | 7.786109 | 7.107822 | 6.801692 | 6.515232 | 6.246888 | 5.759024 | 5.328250 |
| 10 | 9.471305 | 8.530203 | 7.721735 | 7.360087 | 7.023582 | 6.710081 | 6.144567 | 5.650223 |
| 11 | 10.367628 | 9.252624 | 8.306414 | 7.886875 | 7.498674 | 7.138964 | 6.495061 | 5.937699 |
| 12 | 11.255077 | 9.954004 | 8.863252 | 8.383844 | 7.942686 | 7.536078 | 6.813692 | 6.194374 |
| 13 | 12.133740 | 10.634955 | 9.393573 | 8.852683 | 8.357651 | 7.903776 | 7.103356 | 6.423548 |
| 14 | 13.003703 | 11.296073 | 9.898641 | 9.294984 | 8.745468 | 8.244237 | 7.366687 | 6.628168 |
| 15 | 13.865053 | 11.937935 | 10.379658 | 9.712249 | 9.107914 | 8.559479 | 7.606080 | 6.810864 |
| 16 | 14.717874 | 12.561102 | 10.837770 | 10.105895 | 9.446649 | 8.851369 | 7.823709 | 6.973986 |
| 17 | 15.562251 | 13.166118 | 11.274066 | 10.477260 | 9.763223 | 9.121638 | 8.021553 | 7.119630 |
| 18 | 16.398269 | 13.753513 | 11.689587 | 10.827603 | 10.059087 | 9.371887 | 8.201412 | 7.249670 |
| 19 | 17.226008 | 14.323799 | 12.085321 | 11.158116 | 10.335595 | 9.603599 | 8.364920 | 7.365777 |
| 20 | 18.045553 | 14.877475 | 12.462210 | 11.469921 | 10.594014 | 9.818147 | 8.513564 | 7.469444 |
| 21 | 18.856983 | 15.415024 | 12.821153 | 11.764077 | 10.835527 | 10.016803 | 8.648694 | 7.562003 |
| 22 | 19.660379 | 15.936917 | 13.163003 | 12.041582 | 11.061240 | 10.200744 | 8.771540 | 7.644646 |
| 23 | 20.455821 | 16.443608 | 13.488574 | 12.303379 | 11.272187 | 10.371059 | 8.883218 | 7.718434 |
| 24 | 21.243387 | 16.935542 | 13.798642 | 12.550358 | 11.469334 | 10.528758 | 8.984744 | 7.784316 |
| 25 | 22.023156 | 17.413148 | 14.093945 | 12.783356 | 11.653583 | 10.674776 | 9.077040 | 7.843139 |
| 26 | 22.795204 | 17.876842 | 14.375185 | 13.003166 | 11.825779 | 10.809978 | 9.160945 | 7.895660 |
| 27 | 23.559608 | 18.327031 | 14.643034 | 13.210534 | 11.986709 | 10.935165 | 9.237223 | 7.942554 |
| 28 | 24.316443 | 18.764108 | 14.898127 | 13.406164 | 12.137111 | 11.051078 | 9.306567 | 7.984423 |
| 29 | 25.065785 | 19.188455 | 15.141074 | 13.590721 | 12.277674 | 11.158406 | 9.369606 | 8.021806 |
| 30 | 25.807708 | 19.600441 | 15.372451 | 13.764831 | 12.409041 | 11.257783 | 9.426914 | 8.055184 |
| 32 | 27.269589 | 20.388766 | 15.802677 | 14.084043 | 12.646555 | 11.434999 | 9.526376 | 8.111594 |
| 34 | 28.702666 | 21.131837 | 16.192904 | 14.368141 | 12.854009 | 11.586934 | 9.608575 | 8.156564 |
| 36 | 30.107505 | 21.832252 | 16.546852 | 14.620987 | 13.035208 | 11.717193 | 9.676508 | 8.192414 |
| 38 | 31.484663 | 22.492462 | 16.867893 | 14.846019 | 13.193473 | 11.828869 | 9.732651 | 8.220993 |
| 40 | 32.834686 | 23.114772 | 17.159086 | 15.046297 | 13.331709 | 11.924613 | 9.779051 | 8.243777 |
| 44 | 35.455454 | 24.254274 | 17.662773 | 15.383182 | 13.557908 | 12.077074 | 9.849089 | 8.276418 |
| 48 | 37.973959 | 25.266707 | 18.077158 | 15.650027 | 13.730474 | 12.189136 | 9.896926 | 8.297163 |
| 52 | 40.394194 | 26.166240 | 18.418073 | 15.861393 | 13.862124 | 12.271506 | 9.929599 | 8.310346 |
| 56 | 42.719992 | 26.965464 | 18.698545 | 16.028814 | 13.962560 | 12.332050 | 9.951915 | 8.318725 |
| 60 | 44.955038 | 27.675564 | 18.929290 | 16.161428 | 14.039181 | 12.376552 | 9.967157 | 8.324049 |
| 70 | 50.168514 | 29.123421 | 19.342677 | 16.384544 | 14.160389 | 12.442820 | 9.987338 | 8.330344 |
| 80 | 54.888206 | 30.200763 | 19.596460 | 16.509131 | 14.222005 | 12.473514 | 9.995118 | 8.332371 |
| 90 | 59.160881 | 31.002407 | 19.752262 | 16.578699 | 14.253328 | 12.487732 | 9.998118 | 8.333023 |
| 100 | 63.028879 | 31.598905 | 19.847910 | 16.617546 | 14.269251 | 12.494318 | 9.999274 | 8.333234 |
| 110 | 66.530526 | 32.042756 | 19.906630 | 16.639238 | 14.277345 | 12.497368 | 9.999720 | 8.333301 |
| 120 | 69.700522 | 32.373023 | 19.942679 | 16.651351 | 14.281460 | 12.498781 | 9.999892 | 8.333323 |

167

| | 1% | 3% | 5% | 6% | 7% | 8% | 10% | 12% |
|---|---|---|---|---|---|---|---|---|
| 1 | 1.000000 | 1.000000 | 1.000000 | 1.000000 | 1.000000 | 1.000000 | 1.000000 | 1.000000 |
| 2 | 2.010000 | 2.030000 | 2.050000 | 2.060000 | 2.070000 | 2.080000 | 2.100000 | 2.120000 |
| 3 | 3.030100 | 3.090900 | 3.152500 | 3.183600 | 3.214900 | 3.246400 | 3.310000 | 3.374400 |
| 4 | 4.060401 | 4.183627 | 4.310125 | 4.374616 | 4.439943 | 4.506112 | 4.641000 | 4.779328 |
| 5 | 5.101005 | 5.309136 | 5.525631 | 5.637093 | 5.750739 | 5.866601 | 6.105100 | 6.352847 |
| 6 | 6.152015 | 6.468410 | 6.801913 | 6.975319 | 7.153291 | 7.335929 | 7.715610 | 8.115189 |
| 7 | 7.213535 | 7.662462 | 8.142008 | 8.393838 | 8.654021 | 8.922803 | 9.487171 | 10.089012 |
| 8 | 8.285671 | 8.892336 | 9.549109 | 9.897468 | 10.259803 | 10.636628 | 11.435888 | 12.299693 |
| 9 | 9.368527 | 10.159106 | 11.026564 | 11.491316 | 11.977989 | 12.487558 | 13.579477 | 14.775656 |
| 10 | 10.462213 | 11.463879 | 12.577893 | 13.180795 | 13.816448 | 14.486562 | 15.937425 | 17.548735 |
| 11 | 11.566835 | 12.807796 | 14.206787 | 14.971643 | 15.783599 | 16.645487 | 18.531167 | 20.654583 |
| 12 | 12.682503 | 14.192030 | 15.917127 | 16.869941 | 17.888451 | 18.977126 | 21.384284 | 24.133133 |
| 13 | 13.809328 | 15.617790 | 17.712983 | 18.882138 | 20.140643 | 21.495297 | 24.522712 | 28.029109 |
| 14 | 14.947421 | 17.086324 | 19.598632 | 21.015066 | 22.550488 | 24.214920 | 27.974983 | 32.392602 |
| 15 | 16.096896 | 18.598914 | 21.578564 | 23.275970 | 25.129022 | 27.152114 | 31.772482 | 37.279715 |
| 16 | 17.257864 | 20.156881 | 23.657492 | 25.672528 | 27.888054 | 30.324283 | 35.949730 | 42.753280 |
| 17 | 18.430443 | 21.761588 | 25.840366 | 28.212880 | 30.840217 | 33.750226 | 40.544703 | 48.883674 |
| 18 | 19.614748 | 23.414435 | 28.132385 | 30.905653 | 33.999033 | 37.450244 | 45.599173 | 55.749715 |
| 19 | 20.810895 | 25.116868 | 30.539004 | 33.759992 | 37.378965 | 41.446263 | 51.159090 | 63.439681 |
| 20 | 22.019004 | 26.870374 | 33.065954 | 36.785591 | 40.995492 | 45.761964 | 57.274999 | 72.052442 |
| 21 | 23.239194 | 28.676486 | 35.719252 | 39.992727 | 44.865177 | 50.422921 | 64.002499 | 81.698736 |
| 22 | 24.471586 | 30.536780 | 38.505214 | 43.392290 | 49.005739 | 55.456755 | 71.402749 | 92.502584 |
| 23 | 25.716302 | 32.452884 | 41.430475 | 46.995828 | 53.436141 | 60.893296 | 79.543024 | 104.602894 |
| 24 | 26.973465 | 34.426470 | 44.501999 | 50.815577 | 58.176671 | 66.764759 | 88.497327 | 118.155241 |
| 25 | 28.243200 | 36.459264 | 47.727099 | 54.864512 | 63.249038 | 73.105940 | 98.347059 | 133.333870 |
| 26 | 29.525631 | 38.553042 | 51.113454 | 59.156383 | 68.676470 | 79.954415 | 109.181765 | 150.333934 |
| 27 | 30.820888 | 40.709634 | 54.669126 | 63.705766 | 74.483823 | 87.350768 | 121.099942 | 169.374007 |
| 28 | 32.129097 | 42.930923 | 58.402583 | 68.528112 | 80.697691 | 95.338830 | 134.209936 | 190.698887 |
| 29 | 33.450388 | 45.218850 | 62.322712 | 73.639798 | 87.346529 | 103.965936 | 148.630930 | 214.582754 |
| 30 | 34.784892 | 47.575416 | 66.438848 | 79.058186 | 94.460786 | 113.283211 | 164.494023 | 241.332684 |
| 32 | 37.494068 | 52.502759 | 75.298829 | 90.889778 | 110.218154 | 134.213537 | 201.137767 | 304.847719 |
| 34 | 40.257699 | 57.730177 | 85.066959 | 104.183755 | 128.258765 | 158.626670 | 245.476699 | 384.520979 |
| 36 | 43.076878 | 63.275944 | 95.836323 | 119.120867 | 148.913460 | 187.102148 | 299.126805 | 484.463116 |
| 38 | 45.952724 | 69.159449 | 107.709546 | 135.904206 | 172.561020 | 220.315945 | 364.043434 | 609.830533 |
| 40 | 48.886373 | 75.401260 | 120.799774 | 154.761966 | 199.635112 | 259.056519 | 442.592556 | 767.091420 |
| 44 | 54.931757 | 89.048409 | 151.143006 | 199.758032 | 266.120851 | 356.949646 | 652.640761 | 1211.812529 |
| 48 | 61.222608 | 104.408396 | 188.025393 | 256.564529 | 353.270093 | 490.132164 | 960.172338 | 1911.589803 |
| 52 | 67.768892 | 121.696197 | 232.856165 | 328.281422 | 467.504971 | 671.325510 | 1410.429320 | 3012.702891 |
| 56 | 74.580982 | 141.153768 | 287.348249 | 418.822348 | 617.243594 | 917.837058 | 2069.650567 | 4745.325653 |
| 60 | 81.669670 | 163.053437 | 353.583718 | 533.128181 | 813.520383 | 1253.213296 | 3034.816395 | 7471.641112 |
| 70 | 100.676337 | 230.594064 | 588.528511 | 967.932170 | 1614.134174 | 2720.080074 | 7887.469568 | 23223.331897 |
| 80 | 121.671522 | 321.363019 | 971.228821 | 1746.599891 | 3189.062680 | 5886.935428 | 20474.002146 | 72145.692501 |
| 90 | 144.863267 | 443.348904 | 1594.607301 | 3141.075187 | 6287.185427 | 12723.938616 | 53120.226118 | |
| 100 | 170.481383 | 607.287733 | 2610.025157 | 5638.368059 | 12381.661794 | 27484.515704 | | |
| 110 | 198.779720 | 827.607810 | 4264.033846 | 10110.639245 | 24370.419251 | 59351.494554 | | |
| 120 | 230.038689 | 1123.699571 | 6958.239713 | 18119.795797 | 47954.119756 | | | |

| | 減債基金係数 $[S \rightarrow M]_n^i : \dfrac{i}{(1+i)^n - 1}$ | | | | | | | |

| | 1% | 3% | 5% | 6% | 7% | 9% | 10% | 12% |
|---|---|---|---|---|---|---|---|---|
| 1 | 1.000000 | 1.000000 | 1.000000 | 1.000000 | 1.000000 | 1.000000 | 1.000000 | 1.000000 |
| 2 | 0.497512 | 0.492611 | 0.487805 | 0.485437 | 0.483092 | 0.480769 | 0.476190 | 0.471698 |
| 3 | 0.330022 | 0.323530 | 0.317209 | 0.314110 | 0.311052 | 0.308034 | 0.302115 | 0.296349 |
| 4 | 0.246281 | 0.239027 | 0.232012 | 0.228591 | 0.225228 | 0.221921 | 0.215471 | 0.209234 |
| 5 | 0.196040 | 0.188355 | 0.180975 | 0.177396 | 0.173891 | 0.170456 | 0.163797 | 0.157410 |
| 6 | 0.162548 | 0.154598 | 0.147017 | 0.143363 | 0.139796 | 0.136315 | 0.129607 | 0.123226 |
| 7 | 0.138628 | 0.130506 | 0.122820 | 0.119135 | 0.115553 | 0.112072 | 0.105405 | 0.099118 |
| 8 | 0.120690 | 0.112456 | 0.104722 | 0.101036 | 0.097468 | 0.094015 | 0.087444 | 0.081303 |
| 9 | 0.106740 | 0.098434 | 0.090690 | 0.087022 | 0.083486 | 0.080080 | 0.073641 | 0.067679 |
| 10 | 0.095582 | 0.087231 | 0.079505 | 0.075868 | 0.072378 | 0.069029 | 0.062745 | 0.056984 |
| 11 | 0.086454 | 0.078077 | 0.070389 | 0.066793 | 0.063357 | 0.060076 | 0.053963 | 0.048415 |
| 12 | 0.078849 | 0.070462 | 0.062825 | 0.059277 | 0.055902 | 0.052695 | 0.046763 | 0.041437 |
| 13 | 0.072415 | 0.064030 | 0.056456 | 0.052960 | 0.049651 | 0.046522 | 0.040779 | 0.035677 |
| 14 | 0.066901 | 0.058526 | 0.051024 | 0.047585 | 0.044345 | 0.041297 | 0.035746 | 0.030871 |
| 15 | 0.062124 | 0.053767 | 0.046342 | 0.042963 | 0.039795 | 0.036830 | 0.031474 | 0.026824 |
| 16 | 0.057945 | 0.049611 | 0.042270 | 0.038952 | 0.035858 | 0.032977 | 0.027817 | 0.023390 |
| 17 | 0.054258 | 0.045953 | 0.038699 | 0.035445 | 0.032425 | 0.029629 | 0.024664 | 0.020457 |
| 18 | 0.050982 | 0.042709 | 0.035546 | 0.032357 | 0.029413 | 0.026702 | 0.021930 | 0.017937 |
| 19 | 0.048052 | 0.039814 | 0.032745 | 0.029621 | 0.026753 | 0.024128 | 0.019547 | 0.015763 |
| 20 | 0.045415 | 0.037216 | 0.030243 | 0.027185 | 0.024393 | 0.021852 | 0.017460 | 0.013879 |
| 21 | 0.043031 | 0.034872 | 0.027996 | 0.025005 | 0.022289 | 0.019832 | 0.015624 | 0.012240 |
| 22 | 0.040864 | 0.032747 | 0.025971 | 0.023046 | 0.020406 | 0.018032 | 0.014005 | 0.010811 |
| 23 | 0.038886 | 0.030814 | 0.024137 | 0.021278 | 0.018714 | 0.016422 | 0.012572 | 0.009560 |
| 24 | 0.037073 | 0.029047 | 0.022471 | 0.019679 | 0.017189 | 0.014978 | 0.011300 | 0.008463 |
| 25 | 0.035407 | 0.027428 | 0.020952 | 0.018227 | 0.015811 | 0.013679 | 0.010168 | 0.007500 |
| 26 | 0.033869 | 0.025938 | 0.019564 | 0.016904 | 0.014561 | 0.012507 | 0.009159 | 0.006652 |
| 27 | 0.032446 | 0.024564 | 0.018292 | 0.015697 | 0.013426 | 0.011448 | 0.008258 | 0.005904 |
| 28 | 0.031124 | 0.023293 | 0.017123 | 0.014593 | 0.012392 | 0.010489 | 0.007451 | 0.005244 |
| 29 | 0.029895 | 0.022115 | 0.016046 | 0.013580 | 0.011449 | 0.009619 | 0.006728 | 0.004660 |
| 30 | 0.028748 | 0.021019 | 0.015051 | 0.012649 | 0.010586 | 0.008827 | 0.006079 | 0.004144 |
| 32 | 0.026671 | 0.019047 | 0.013280 | 0.011002 | 0.009073 | 0.007451 | 0.004972 | 0.003280 |
| 34 | 0.024840 | 0.017322 | 0.011755 | 0.009598 | 0.007797 | 0.006304 | 0.004074 | 0.002601 |
| 36 | 0.023214 | 0.015804 | 0.010434 | 0.008395 | 0.006715 | 0.005345 | 0.003343 | 0.002064 |
| 38 | 0.021761 | 0.014459 | 0.009284 | 0.007358 | 0.005795 | 0.004539 | 0.002747 | 0.001640 |
| 40 | 0.020456 | 0.013262 | 0.008278 | 0.006462 | 0.005009 | 0.003860 | 0.002259 | 0.001304 |
| 44 | 0.018204 | 0.011230 | 0.006616 | 0.005006 | 0.003758 | 0.002802 | 0.001532 | 0.000825 |
| 48 | 0.016334 | 0.009578 | 0.005318 | 0.003898 | 0.002831 | 0.002040 | 0.001041 | 0.000523 |
| 52 | 0.014756 | 0.008217 | 0.004294 | 0.003046 | 0.002139 | 0.001490 | 0.000709 | 0.000332 |
| 56 | 0.013408 | 0.007084 | 0.003480 | 0.002388 | 0.001620 | 0.001090 | 0.000483 | 0.000211 |
| 60 | 0.012244 | 0.006133 | 0.002828 | 0.001876 | 0.001229 | 0.000798 | 0.000330 | 0.000134 |
| 70 | 0.009933 | 0.004337 | 0.001699 | 0.001033 | 0.000620 | 0.000368 | 0.000127 | 0.000043 |
| 80 | 0.008219 | 0.003112 | 0.001030 | 0.000573 | 0.000314 | 0.000170 | 0.000049 | 0.000014 |
| 90 | 0.006903 | 0.002256 | 0.000627 | 0.000318 | 0.000159 | 0.000079 | 0.000019 | 0.000004 |
| 100 | 0.005866 | 0.001647 | 0.000383 | 0.000177 | 0.000081 | 0.000036 | 0.000007 | 0.000001 |
| 110 | 0.005031 | 0.001208 | 0.000235 | 0.000099 | 0.000041 | 0.000017 | 0.000003 | 0.000000 |
| 120 | 0.004347 | 0.000890 | 0.000144 | 0.000055 | 0.000021 | 0.000008 | 0.000001 | 0.000000 |

# 第7章

# 予算管理と管理会計

# 管理会計を活用した**収益向上**に結びつく企業活動は何か

●会社の収益性を向上するには、総資産利益率を売上高利益率と総資産回転率に分けることで活動内容を明確にする。

## ❖総資産利益率で会社の収益性を測定する

　会社を取り巻く経済環境が変化するスピードは年々加速し、その規模はグローバル化しています。環境変化に対応し、会社が継続して発展していくには、収益性の向上活動が欠かせません。

実桜先生、会社の収益性はどうやって測るんですか？
♣清

ROAが代表的な方法かな。
❖実桜

　ROA（Return On Asset：**総資産利益率**）は、収益性を検討する基本的な方法であり、この比率が高いほど収益性がよいことを示します。さらに総資産利益率は、**売上高利益率と総資産回転率に分解**することができます。

**総資産利益率 ＝ 売上高利益率 × 総資産回転率**

$$\frac{利益}{総資産} = \frac{利益}{売上高} \times \frac{売上高}{総資産}$$

　売上高利益率は、分子の利益が大きいほど儲かっていることを意味するので、その比率が高いほど、収益性は高いと判断できます。総資産回転率は、企業の資産の利用度を示すものなので、この比率が高いほど資産の効率は向上し、収益性が高められたことになります。**このように、総資産利益率は売上高利益率が高い（低い）ほど、総資産回転率が高い（低い）ほど、高く（低く）なります。**

## ❖何をすれば総資産利益率は向上するか

売上高利益率と総資産回転率を向上させる企業活動を展開すれば総資産利益率は向上します。

### ①売上高利益率

売上高を伸ばし、売上原価と販売費および一般管理費を減少させるような活動が展開されれば、営業利益は増加してきます。

> **ミニ知識**
>
> **売上高の向上**には、売上高予算、販売単価、数量、プロダクトミックスの見直しなどが必要です。
> **コストダウン**には、原価企画、原価改善、標準原価管理、間接原価管理などの活動を実践します。

### ②総資産回転率

**総資産回転率が低下した場合は、売上高に貢献しない資産が増えているので資産の運用形態を見直します。**流動資産では、原料・材料在庫、半製品・仕掛在庫、製品在庫の低減活動、固定資産では建物や機械設備などの投資内容を確認する活動です。

### 図表 ❼-❶ 総資産利益率を向上させる会社の活動

| 総資産利益率 | | 会社の活動 | | 備考 |
|---|---|---|---|---|
| 総資産利益率<br><br>利益<br>―――<br>総資産 | 売上高利益率<br><br>利益<br>―――<br>売上高 | 売上高向上 | 売上高予算 | 第7章 |
| | | | 販売単価<br>数量<br>プロダクトミックス | 第3章 |
| | | コストダウン | 原価企画<br>原価改善<br>標準原価管理 | 第8章 |
| | | | 間接原価管理 | 第9章 |
| | 総資産回転率<br><br>売上高<br>―――<br>総資産 | 流動資産低減 | 在庫低減 | 第5章 |
| | | | リードタイム短縮 | |
| | | 固定資産低減 | 設備投資 | 第4章<br>第6章 |

# 現在の**収益性**と**生産性**を分析する

●貸借対照表、損益計算書、製造原価報告書により収益性と生産性を分析することができる。

## ❖貸借対照表と損益計算書より収益性を分析する

ふみさん、ウチの収益性を分析してくれる。

❖実桜

えっと、**ROA**の分母と分子はどの数字を持ってきたらいいんですか。

♥ふみ

### 図表 ❼-❷ ME社の収益性分析

<table>
<tr><td colspan="8">貸借対照表（令和○年○月○日現在）</td></tr>
<tr><td colspan="8" align="right">単位：千円</td></tr>
<tr><td></td><td>期首<br>（前期末）</td><td>期末<br>（当期末）</td><td>平均</td><td></td><td>期首<br>（前期末）</td><td>期末<br>（当期末）</td><td>平均</td></tr>
<tr><td>資産</td><td></td><td></td><td></td><td>負債(借入資金)</td><td></td><td></td><td></td></tr>
<tr><td>流動資産</td><td></td><td></td><td></td><td>流動負債</td><td></td><td></td><td></td></tr>
<tr><td>現金預金</td><td>7,580,000</td><td>8,640,000</td><td>8,110,000</td><td>支払手形</td><td>2,850,000</td><td>2,800,000</td><td>2,825,000</td></tr>
<tr><td>受取手形</td><td>3,240,000</td><td>3,250,000</td><td>3,245,000</td><td>買掛金</td><td>2,150,000</td><td>2,100,000</td><td>2,125,000</td></tr>
<tr><td>売掛金</td><td>3,760,000</td><td>3,750,000</td><td>3,755,000</td><td>借入金</td><td>8,000,000</td><td>8,800,000</td><td>8,400,000</td></tr>
<tr><td>原料・材料</td><td>750,000</td><td>700,000</td><td>725,000</td><td>固定負債</td><td></td><td></td><td></td></tr>
<tr><td>半製品・仕掛品</td><td>40,000</td><td>35,000</td><td>37,500</td><td>長期借入金</td><td>8,500,000</td><td>7,000,000</td><td>7,750,000</td></tr>
<tr><td>製品</td><td>30,000</td><td>25,000</td><td>27,500</td><td></td><td></td><td></td><td></td></tr>
<tr><td>固定資産</td><td></td><td></td><td></td><td>純資産(自己資金)</td><td></td><td></td><td></td></tr>
<tr><td>建物</td><td>8,900,000</td><td>9,000,000</td><td>8,950,000</td><td>資本金</td><td>8,000,000</td><td>8,000,000</td><td>8,000,000</td></tr>
<tr><td>機械設備</td><td>10,000,000</td><td>9,600,000</td><td>9,800,000</td><td>剰余金</td><td>4,800,000</td><td>6,300,000</td><td>5,550,000</td></tr>
<tr><td>資産計</td><td>34,300,000</td><td>35,000,000</td><td>34,650,000</td><td>負債・純資産計</td><td>34,300,000</td><td>35,000,000</td><td>34,650,000</td></tr>
</table>

| 損益計算書<br>（令和○年○月○日～令和○年○月○日） | | |
|---|---|---|
| | | 単位：千円 |
| 売上高 | | 35,000,000 |
| 売上原価 | | |
| 期首製品棚卸高 | 25,000 | |
| 当期製品製造原価 | 24,500,000 | |
| 計 | 24,525,000 | |
| 期末製品棚卸高 | 25,000 | 24,500,000 |
| 売上総利益 | | 10,500,000 |
| 販売費及び一般管理費 | | |
| 給料 | 3,500,000 | |
| 賞与 | 700,000 | |
| 福利厚生費 | 400,000 | |
| 梱包材料費 | 2,100,000 | |
| 広告宣伝費 | 400,000 | |
| 賃借料 | 1,400,000 | |
| 減価償却費 | 200,000 | |
| その他 | 700,000 | 9,400,000 |
| 営業利益 | | 1,100,000 |
| 営業外収益 | | 500,000 |
| 営業外費用 | | 100,000 |
| 経常利益 | | 1,500,000 |

$$\text{総資産営業利益率} = \frac{\text{営業利益}}{\text{期首・期末の平均総資産}} \times 100$$

$$= \frac{1,100,000}{(34,300,000+35,000,000)\div 2} \times 100 = 3.17\,(\%)$$

$$\text{売上高営業利益率} = \frac{\text{営業利益}}{\text{売上高}} \times 100 = \frac{1,100,000}{35,000,000} \times 100 = 3.14\,(\%)$$

$$\text{総資産回転率} = \frac{\text{売上高}}{\text{期首・期末の平均総資産}} = \frac{35,000,000}{34,650,000} = 1.01\,(\text{回})$$

ROAの分母である**総資産**は、期首(前期末)と期末(当期末)の平均を用います。分子は分析する目的により**経常利益、営業利益、売上総利益**などを使い分けます。ＭＥ社の貸借対照表と損益計算書より、総資産営業利益率は3.17％、売上高営業利益率は3.14％、総資産回転率は1.01回転が求まります。

## ❖生産性を分析する

**生産性とは「より少ない投入量により、より高い産出量を得たい」という考え方で、産出量・産出高を投入量・投入高で割った比率です。**

$$生産性 = \frac{産出量・産出高(付加価値、売上高、生産高など)}{投入量・投入高(人、資材、機械設備、エネルギー、原価)}$$

生産性の測定単位(Measuring unit)には、**物量単位**と**貨幣単位**とがあり、前者を**物的生産性**、後者を**価値的生産性**と言います。

企業の生産要素としての従業員(労働)や設備(資本)などの投入量と付加価値などの産出量との割合を算出し、その効率性(生産性)を分析するのが**生産性分析**です。この生産性分析は収益性を補完するものであり、代表的な生産性指標を次に述べます。

### ①労働生産性

労働生産性は、生産要素である従業員１人がどの程度の付加価値を生み出したかという労働者の生産性を示す生産性指標で、次の式で表せます。

**労働生産性 = 付加価値率 × １人当たり売上高**

付加価値率は企業が売上高に対してどのくらい価値をつけ加えたのか、１人当たり売上高は従業員１人当たりどのくらいの売上高を上げたのかを示す生産性指標です。ここで従業員数は、期中平均の人数です。

ＭＥ社の製造原価報告書より、付加価値は20,000,000千円、労働生産性は12,500千円/人です。さらに、労働生産性を売上高により付加価値率と１人当たり売上高に分解すると、付加価値率は57.1％、１人当たり

売上高は21,875千円/人になります。

## 図表 ❼-❸ ME社の生産性分析

付加価値＝ 売上高 － 材料費
　　　　 ＝ 35,000,000 － 15,000,000 ＝ 20,000,000（千円）

$$労働生産性 = \frac{付加価値}{従業員数} = \frac{20,000,000}{1,600^*} = 12,500（千円/人）$$

$$付加価値率 = \frac{付加価値}{売上高} \times 100 = \frac{20,000,000}{35,000,000} \times 100 = 57.1（\%）$$

$$1人当たり売上高 = \frac{売上高}{従業員数} = \frac{35,000,000}{1,600^*} = 21,875（千円/人）$$

*ME社の期中平均従業員数

| 製造原価報告書 | | |
|---|---:|---:|
| （令和○年○月○日～令和○年○月○日） | | |
| 単位：千円 | | |
| 材料費 | | |
| 　期首材料棚卸高 | 700,000 | |
| 　材料仕入高 | 15,000,000 | |
| 　計 | 15,700,000 | |
| 　期末材料棚卸高 | 700,000 | 15,000,000 |
| 労務費 | | |
| 　給料 | 3,150,000 | |
| 　賞与 | 700,000 | |
| 　福利厚生費 | 350,000 | 4,200,000 |
| 経費 | | |
| 　燃料動力費 | 1,750,000 | |
| 　賃借料 | 1,300,000 | |
| 　減価償却費 | 1,550,000 | |
| 　修繕費 | 450,000 | |
| 　消耗品費 | 250,000 | 5,300,000 |
| 　当期製造費用 | | 24,500,000 |
| 　期首仕掛品棚卸高 | | 35,000 |
| 　期末仕掛品棚卸高 | | 35,000 |
| 　当期製品製造原価 | | 24,500,000 |

### ②資本生産性

　総資本が多いほど、一般に機械設備等がそれだけ多くなる可能性が高いと考えられるので、以下の指標の比率が高いほど、資本集約的であり、生産性が高いと判断できます。

（1）1人当たり総資本

　従業員数に対する総資本の割合が**1人当たり総資本**であり、従業員1人当たりどれくらい総資本を有するかを示す資本生産性の指標でME社は21,656（千円/人）です。これは、**資本集約度**と呼ばれることもあります。

$$1人当たり総資本（資本集約度） = \frac{平均総資本}{従業員数} = \frac{34,650,000}{1,600}$$

$$= 21,656（千円/人）$$

（2）労働装備率

　労働装備率は、従業員1人当たりどの程度の有形固定資産投資を行っているかという資本集約度を判断する生産性指標でME社は11,719（千円/人）です。この比率の分子は固定資産なので、設備投資による合理化や近代化の状況を示しています。

$$労働装備率 = \frac{固定資産}{従業員数} = \frac{8,950,000 + 9,800,000}{1,600}$$

$$= 11,719（千円/人）$$

（3）設備投資効率

設備投資効率は、固定資産に対する付加価値の割合であり、機械設備がどのくらいの付加価値を生み出しているのかを示す生産性指標でＭＥ社は1.07です。

> **ミニ知識**
>
> 設備投資効率の分子は**付加価値**であり、これが多いほど**生産性（収益性）**が高いことになるので、この比率が高いほどよいと判断することができます。

$$設備投資効率 = \frac{付加価値}{固定資産} \times 100$$

$$= \frac{20,000,000}{8,950,000 + 9,800,000} = 1.07$$

### ③固定資産による労働生産性の分解

労働生産性は、売上高と固定資産により付加価値率、固定資産回転率、労働装備率に分解できます。

（労働生産性）＝（付加価値率）×（固定資産回転率）×（労働装備率）

$$\frac{付加価値}{従業員数} = \frac{付加価値}{売上高} \times \frac{売上高}{固定資産} \times \frac{固定資産}{従業員数}$$

これより、労働生産性は、付加価値率、固定資産回転率、労働装備率の改善により向上させることができます。

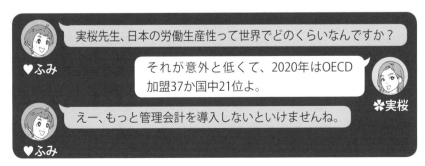

ふみ：実桜先生、日本の労働生産性って世界でどのくらいなんですか？

実桜：それが意外と低くて、2020年はOECD加盟37か国中21位よ。

ふみ：えー、もっと管理会計を導入しないといけませんね。

# 予算管理に使う**原価**と予算管理の進め方

●会社のミッションやビジョンと連動した予算を編成する仕組みが大切であり、予算編成には製品別実績データが欠かせない。

## ❖予算とは何か

**ふみ** 実桜先生、会社にとって予算って必要なんですか？

会社を経営するにあたって予算とは何を意味するのかを考えてみましょうか。

**実桜**

『原価計算基準』では、予算について次のように規定しています。

①予算期間における企業の各業務分野の具体的な計画を貨幣的に表示し、これを総合編成したものをいい
②予算期間における企業の利益目標を指示し
③各業務分野の諸活動を調整し
④企業全般にわたる総合的管理の要具となるもの
⑤予算編成の過程は、たとえば製品組み合わせの決定、部品を自製するか外注するかの決定等個々の選択的事項に関する意思決定を含む

『原価計算基準』第1章1（4）より作成

　予算とは、①より各業務分野の具体的な業務計画を貨幣的に表し総合編成したもので、②より企業の利益目標を指示し、③より目標を達成するために各業務分野で調整したものであることがわかります。

　④は、会社全体の総合的管理の要具としてマネージメントの管理サイクルを意味します。**目標を達成するためには、「計画（Plan）を立て、計画を実施（Do）し、実施結果を分析、評価し是正（See）する」**活動が基本

であり、この活動を**管理サイクル**と呼びます。⑤は予算が意思決定会計の側面を含んでいることを示しています。

## ❖予算の管理サイクルを回す

予算の管理サイクルは、**Plan**は予算編成、**Do**は予算の実行、**See**は予算と実績の分析、評価と次計画の是正です。

ミッション＆経営ビジョンは、企業の目指すべき姿、なりたい姿のことで5〜7年先の目標であり、これから**中期経営計画**を作成します。中期経営計画は、ミッション＆経営ビジョンを達成するための3〜5年間の具体的な計画です。中期経営計画を実施するために、当年度、四半期、月次で予算を作成し、Plan – Do – Seeの管理サイクルを回します。

目標を達成するためには、予算管理の**ドライバー**(駆動力)として**動機づけ**機能が重要になります。組織上の管理者と従業員が協議し、従業員が達成すべき業務上の目標を自主的に設定し、達成する方法を自主的な管理に任せることで動機づけを維持する管理手法に**目標管理**(ＭＢＯ：Management By Object)があります。予算管理システムを目標管理と連動させて運用することで、より大きな成果が得られます。

### 図表 **❼-❹ 予算の管理サイクル**

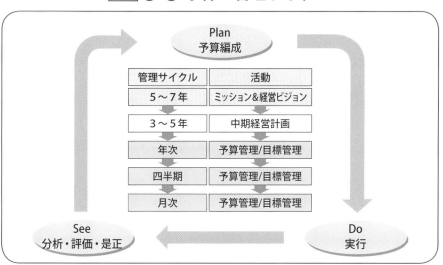

# ❖収益性を向上させる予算とは

## ①損益予算

損益予算は、売上高利益率に関係す
る収益、費用および棚卸資産に関する
計画であり、全社の売上と利益の目標
を明確にしたものです。これらの予算
は、組織別、期間別に作成します。

> **用語**
>
> 収益性の指標である**売上高
> 利益率**に関する予算は、①**損
> 益予算**と②**資金予算**に分類で
> き、**総資産回転率**に関する予
> 算には③**資本予算**があります。

## ②資金予算

資金予算は、損益予算との関連で編成されるもので、手持ちの必要な
資金(現金)を維持するための計画です。企業の会計処理は発生主義のた
め、財務諸表だけでは資金の動きが把握できないので、年間を通じた資
金の動きを明確にすることが重要です。

## ③資本予算

資本予算は、総資産回転率に関する計画で、どの投資に経営資源を配
分するかを明確にするものです。投資は金額が大きくその効果期間が長
いので、投資前に経済性計算を行い意思決定する必要があります。

### 図表 ❼-❺ 収益性の指標と予算の種類

| | 種類 | 項目 | | 備考 |
|---|---|---|---|---|
| 利益／売上高 → | 経常予算 ①損益予算 | 販売予算 | 売上高予算 | 予算編成全体の起点となる |
| | | | 販売費予算 | |
| | | 製造予算 | 製造高予算 | 製品の欠品や過剰在庫が発生しないように販売部門と調整し、全体最適な予算にする |
| | | | 製造原価予算 | |
| | | 在庫予算 | | |
| | | ⋮ | | |
| 利益／総資産 | 経常予算 ②資金予算 | 現金収支予算 | | 売掛金の回収時期と回収金額の精度を上げる |
| | | 信用予算 | | |
| | | 運転資本予算 | | |
| | | ⋮ | | |
| 売上高／総資産 → | ③資本予算 | 設備予算 | | 投資案件を評価し、選定する |
| | | 投融資予算 | | |
| | | ⋮ | | |

## ❖製品別の変動原価を準備する

♥ふみ：実桜先生、製造予算に使う原価ってどんな原価なんですか？

ふみさん、いい質問ね。今期の製造予算を作るためには、前期の製品別実績データが必要になるわ。

❖実桜

製造予算編成では、事前準備として前期の製造原価の実績を集計します。予算編成時期の関係で、年度末数か月は推定が入ります。

製品グループ（A〜E）別に生産数量、売上高、**変動原価**の前期実績を整理します。変動原価は、今期の生産数量から現状の実力では製造原価がいくらになるか（**成行予算**）を検討するためです。

### 図表 7-6 製品別前期実績

| 製品グループ | 前期生産数量（個） | 前期売上高（千円） | 原材料費 | 外注費 | 直接労務費 | 変動加工費 | 合計 |
|---|---|---|---|---|---|---|---|
| | | | 変動原価（千円） | | | | |
| A | 200,000 | 840,000 | 200,000 | 96,000 | 40,800 | 35,600 | 372,400 |
| B | 100,000 | 480,000 | 208,000 | 108,000 | 45,400 | 40,400 | 401,800 |
| C | 240,000 | 672,000 | 136,000 | 80,000 | 26,000 | 21,600 | 263,600 |
| D | 160,000 | 608,000 | 178,000 | 90,000 | 36,000 | 31,800 | 335,800 |
| E | 80,000 | 400,000 | 214,000 | 130,000 | 48,600 | 44,800 | 437,400 |
| ⋮ | ⋮ | ⋮ | ⋮ | ⋮ | ⋮ | ⋮ | ⋮ |
| 合計 | 780,000 | 35,000,000 | 9,960,000 | 5,040,000 | 2,940,000 | 2,000,000 | 19,940,000 |

### 図表 7-7 製品別単価

そして、変動原価を前期生産数量で割り算して、変動原価の単価を設定します。たとえば、製品グループAの原材料費の単価は1.000千円/個（200,000千円÷200,000個）になります。

| 製品グループ | 原材料費 | 外注費 | 直接労務費 | 変動加工費 |
|---|---|---|---|---|
| | 単価（千円/個） | | | |
| A | 1.000 | 0.480 | 0.204 | 0.178 |
| B | 2.080 | 1.080 | 0.454 | 0.404 |
| C | 0.567 | 0.333 | 0.108 | 0.090 |
| D | 1.113 | 0.563 | 0.225 | 0.199 |
| E | 2.675 | 1.625 | 0.608 | 0.560 |
| ⋮ | ⋮ | ⋮ | ⋮ | ⋮ |

# 売上・製造・在庫の予算を編成する

●損益予算には、売上高予算、製造原価予算、在庫予算があり、これらにより会社の売上と利益の目標を明確にする。

## ❖売上高予算を編成する

総合予算の中では、損益予算が利益管理の要です。以下、代表的な損益予算の作り方について説明します。

売上高予算は、損益予算の起点とな

> **用語**
>
> 総合予算…損益予算、資金予算、資本予算を合わせたもの。

る予算で、販売予測により売上高を予測します。販売予測の方法には、経済予測、市場調査、ライバル企業の調査、販売実績の分析などさまざまなものがあります。また、経済見通し、市場の状況、顧客の情報、法規制などをインプット情報とし、予測モデルを構築することで製品の月別販売予測をアウトプットするシステムを構築する会社もあります。

### 図表 ❼-❽ 売上高予算の作成システム例

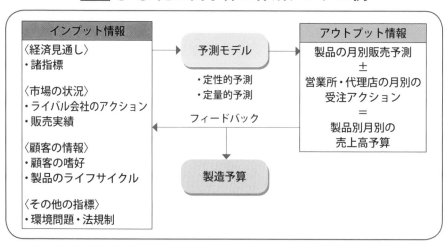

この需要予測に月別の受注アクション項目を加味して、製品別月別の売上高予算を作成します。

## ❖定性的と定量的な予測モデルで販売量を予測する

♣清　予測モデルってＡＩか何かで作るんですか？

予測モデルには、**定性的モデル**と**定量的モデル**があるのよ。
✿実桜

### ①定性的予測モデル

　**定性的な予測手法は結果と要因の因果関係がはっきりしない場合に用いられる**もので、将来の出来事に対する直感的な判断を含んでいます。営業マンや代理店からのデータ収集による方法などです。

### ②定量的予測モデル

　**定量的な予測手法は、過去のデータに基づいた数学的手法**であり、過去の事象がこれから起こると予測される事象と類似しているであろうとの仮定に基づいています。予測モデルは、需要データの特性や業務の性格に応じて、適切なモデルを選択する必用があります。予測モデルの例としては、**移動平均モデル、一次指数平滑モデル、回帰分析モデル**やＡＩで使われている**ディープラーニング**（Deep learning：深層学習）などがあります。

　ディープラーニングは、コンピューターが大量のデータを学習し、分類や予測などのモデルを自動的に構築する技術です。2000年以降のＡＩの発展に伴い、2011年に米ＩＢＭの「ワトソン」がクイズ番組で勝利する、2016年に碁の「アルファ碁」がプロ碁士に勝利するなどで注目度が上がっています。また、画像認識を中心にさまざまな分野で活用され、工場における画像のパターン認識による不良品の検知や自動車の自動運転車の障害物センサーなどにも使われています。

## ❖定量的予測モデルを活用する

実桜先生、**定量的予測モデル**についてもう少し説明してください。

♥ふみ

まず、入門的な**移動平均モデル、一次指数平滑モデル、回帰分析モデル**について説明するね。

❖実桜

①移動平均モデル

　移動平均モデルは、予測実施時点を基準に過去一定の期間を定め、基準となる時点の予測値をその一定期間の平均から求めていく予測モデルです。たとえば、4月から7月の実績が次のとき、7月と8月の予測値を求めてみます。

### 図表 ❼-❾ 移動平均モデル

|  | 4月 | 5月 | 6月 | 7月 |
|---|---|---|---|---|
| 実績値 | 800 | 780 | 810 | 850 |

$$7月の予測値 = \frac{4月の実績 + 5月の実績 + 6月の実績}{平均を取る期間} = \frac{800 + 780 + 810}{3} = 797$$

$$8月の予測値 = \frac{5月の実績 + 6月の実績 + 7月の実績}{平均を取る期間} = \frac{780 + 810 + 850}{3} = 813$$

　7月の予測値は、4月から6月までの3か月の販売実績の平均になり797、8月の予測値は、5月から7月まで3か月の販売実績の平均になり813になります。

②一次指数平滑モデル

　一次指数平滑モデルは、今期の予測値を前期の実績値、前期の予測値、パラメータ $\alpha$ を使って求めます。

今期の予測値 $= \alpha \times$ 前期の実績値 $+ (1 - \alpha) \times$ 前期の予測値

　　　　　　　$=$ 前期の予測値 $+ \alpha$（前期の実績値 $-$ 前期の予測値）

　パラメータ $a$ は、0から1までの値をとりますが、値が1に近いほど

新しいデータに重みを置くことになります。

## 図表 ❼-❿ 一次指数平滑モデル

| 実績値 | | 予測値 | | |
|---|---|---|---|---|
| | | $\alpha=0.1$ | $\alpha=0.5$ | $\alpha=0.9$ |
| 4月 | 800 | 771 | 780 | 782 |
| 5月 | 780 | 774 | 790 | 798 |
| 6月 | 810 | 775 | 785 | 782 |
| 7月 | 850 | 779 | 798 | 807 |
| 8月 | | 786 | 824 | 846 |

$\alpha=0.5$の場合
7月の予測値＝$\alpha$×6月の実績
　　　　　　＋（1－$\alpha$）×6月の予測値
　　　　＝0.5×810+0.5×785
　　　　＝798

8月の予測値＝$\alpha$×7月の実績
　　　　　　＋（1－$\alpha$）×7月の予測値
　　　　＝0.5×850+0.5×798
　　　　＝824

### ③回帰分析モデル

（1）単回帰モデル

**単回帰モデルとは、ある2変数$x$と$y$の関係を次の式で表現するモデルです。** モデルの作成は、2章（変動費と固定費の分解 p.32 ）で説明した最小二乗法を用います。

$y = ax+b$（回帰方程式）

　人口（$x$）と自動車保有台数（$y$）の単回帰モデルは次のようになります。

$y = 0.4131x+318.75$

### 図表 ❼-⓫ 単回帰モデル（人口と自動車保有台数の単回帰分析）

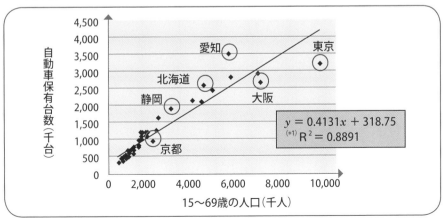

(*1) $R^2$は決定係数で分析結果である式の精度を表し、1.0が最大値である

（２）重回帰モデル

　３変数以上の関係を表現するには、重回帰モデルを適用します。３変数の重回帰モデルは、予測値を$y$、予測値に影響すると思われる変数を$x1$、$x2$とすると、次の式で表現するモデルです。

$$y = ax1 + bx2 + c$$

　計算式を作成するには、マイクロソフト社のExcelを利用すれば、簡単に作成することができます。任意のセルにデータを入力したら、「データ分析」→「回帰分析」で回帰分析のボックスが表示されます。必要な条件を設定し、ＯＫボタンをクリックすると、分析結果が表示されます。ＭＥ社では、季節変動商品の重回帰モデルを前年数量、季節指数、株価から予測する式を検討し、次の式を作成しました。

> 販売予測数量 ＝ －0.34 × 前年数量 ＋ 1557.82 × 季節指数
> ＋51.37 × 株価 －104.48

　この式に、前年数量、季節指数、株価を代入すれば販売予測数量が求まります。

## 図表 ❼-⓬ Excelによる重回帰分析

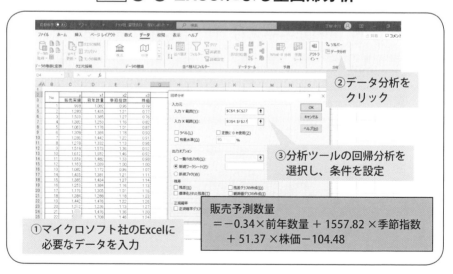

②データ分析をクリック

③分析ツールの回帰分析を選択し、条件を設定

販売予測数量
＝－0.34×前年数量 ＋ 1557.82×季節指数
＋ 51.37×株価－104.48

①マイクロソフト社のExcelに必要なデータを入力

## ❖予測モデルを決定する

> 予測モデルもいろいろあるんですね。
>
> ♥ふみ

> 会社としてどのモデルを採用するかは、モデルの特徴を考慮して決定してね。
>
> ❖実桜

実務としてどの予測モデルを使用するかの決定は、予測モデルの自動選択システムを活用する方法があります。予測モデルの自動選択とは、過去の実績に対して予測モデルの当てはまり度合いを自動的に評価し、最も高評価の予測モデルにより予測値を算出する仕組みで、ＤＦＣ（Dynamic Forecast model Change）システムなどがあります。

> **ミニ知識**
>
> 移動平均モデルや一次指数平滑モデルは、過去のデータから将来の需要量を予測するものです。一方、単回帰モデルや重回帰モデルは、需要データ以外のさまざまな要因も予測に反映させることができる予測モデルです。

予測モデルを決定したら、それを活用して販売量を予測し、売上高予算を作成します。**売上高予算は、製造に必用な『何を』『いつ』『どれくらいの数量』売るのかという情報に変換し、製造予算のインプットになります。**

### 図表 ❼-⓭ 売上(数量)予算

| 製品グループ | 前期売上実績 | | | 今期売上予算 | | |
|---|---|---|---|---|---|---|
| | 売上数量 | 単価（千円） | 金額（千円） | 売上数量 | 単価（千円） | 金額（千円） |
| A | 200,000 | 4.2 | 840,000 | 196,000 | 4.2 | 823,200 |
| B | 100,000 | 4.8 | 480,000 | 106,000 | 4.8 | 508,800 |
| C | 240,000 | 2.8 | 672,000 | 248,000 | 2.8 | 694,400 |
| D | 160,000 | 3.8 | 608,000 | 168,000 | 3.8 | 638,400 |
| E | 80,000 | 5.0 | 400,000 | 84,000 | 5.0 | 420,000 |
| ⋮ | ⋮ | ⋮ | ⋮ | ⋮ | ⋮ | ⋮ |
| 合計 | 780,000 | | 35,000,000 | 858,000 | | 36,750,000 |

## ❖製造原価予算を編成する

> 売上高予算ができたら、次は製造予算を作りますよ。

❖実桜

> はーい、前期の製品別実績データを使うんですよね。

♥ふみ

### ①成行予算

　事前に準備した前期実績を参考にして今期の成行予算（現状実力値予算）を作成します。生産数量は次のように計算しますが、期首在庫量と期末在庫量が等しいとして予算を編成します。

> 今期生産数量 ＝ 今期売上数量 － 期首製品在庫量 ＋ 期末製品在庫

（1）成行変動予算の原材料費と外注費

　変動費は内製生産量の伸び率に変動させて算定します。**定期昇給、物価上昇などあらかじめ予想される変化は成行予算の中に加味し、ベースアップ率や物価変動で修正します。**

　製品グループＡの前期原材料費は200,000千円、前期生産数量は200,000個なので単価は1.00千円になり、今期の売上数量196,000個を掛けると196,000千円となります。この金額に物価上昇率２％を加味した

### 図表 ❼-⓮ 成行原材料費、成行外注費

| 製品グループ | 今期売上数量(個) | 成行原材料費(千円) | | | 成行外注費(千円) | | |
|---|---|---|---|---|---|---|---|
| | | 単価 | 金額 | 修正金額 | 単価 | 金額 | 修正金額 |
| A | 196,000 | 1.000 | 196,000 | 199,920 | 0.480 | 94,080 | 95,962 |
| B | 106,000 | 2.080 | 220,480 | 224,890 | 1.080 | 114,480 | 116,770 |
| C | 248,000 | 0.567 | 140,616 | 143,428 | 0.333 | 82,584 | 84,236 |
| D | 168,000 | 1.113 | 186,984 | 190,724 | 0.563 | 94,584 | 96,476 |
| E | 84,000 | 2.675 | 224,700 | 229,194 | 1.625 | 136,500 | 139,230 |
| ⋮ | ⋮ | ⋮ | ⋮ | ⋮ | ⋮ | ⋮ | ⋮ |
| 合計 | 858,000 | － | 10,755,492 | 10,970,602 | － | 5,744,508 | 5,859,398 |

＊修正金額は、物価上昇率を２％として算定

188

値が成行原材料費の修正金額199,920千円（196,000×1.02）です。成行外注費も同じように求めます。これより、成行原材料費に成行外注費を加えた成行材料費は16,830,000千円（10,970,602＋5,859,398）になります。

（2）成行変動予算の直接労務費と変動加工費

成行直接労務費と成行変動加工費も原材料費などと同様にレート（単価）を前期実績より計算します。

製品グループＡの直接労務費レートは 図表 ❼-❻ より0.204千円／個（40,800千円÷200,000個）になります。これに今期の売上数量196,000個を掛けると39,984千円（0.204×196,000）、さらに定期昇給率３％を加味すると41,184千円になります。成行変動加工費も同様に求めますが、ここでは物価上昇率２％を加味して修正金額を算定しています。

これより、今期の売上数量を製造すると成行直接労務費は3,331,020千円、成行変動加工費は2,244,000千円かかることがわかります。

### 図表 ❼-⓯ 成行直接労務費、成行変動加工費

| 製品グループ | 今期売上数量（個） | 成行直接労務費（千円） | | | 成行変動加工費（千円） | | |
|---|---|---|---|---|---|---|---|
| | | レート | 金額 | 修正金額 | レート | 金額 | 修正金額 |
| A | 196,000 | 0.204 | 39,984 | 41,184 | 0.178 | 34,888 | 35,586 |
| B | 106,000 | 0.454 | 48,124 | 49,568 | 0.404 | 42,824 | 43,680 |
| C | 248,000 | 0.108 | 26,784 | 27,588 | 0.090 | 22,320 | 22,766 |
| D | 168,000 | 0.225 | 37,800 | 38,934 | 0.199 | 33,432 | 34,101 |
| E | 84,000 | 0.608 | 51,072 | 52,604 | 0.560 | 47,040 | 47,981 |
| ⋮ | ⋮ | ⋮ | ⋮ | ⋮ | ⋮ | ⋮ | ⋮ |
| 合計 | 858,000 | | 3,234,000 | 3,331,020 | | 2,200,000 | 2,244,000 |

＊成行直接労務費の修正金額は、定期昇給率を３％として算定
＊成行変動加工費の修正金額は、物価上昇率を２％として算定

ふみ
変動費の成行予算は、レートに生産数量を掛け算して、ベースアップ率などで修正すればいいんですね。

そーよ、次は固定費の成行予算を作ります。

実桜

（3）成行固定予算の作成

　**固定費は、前期実績を参考にして、設備投資なし、人員採用なしの前提で考えます。** 設備投資がなければ減価償却費、固定資産税などが減少します。定期昇給、物価上昇、減価償却費減などあらかじめ予想される変化は成行予算の中に加味します。

　間接労務費の前期実績は1,260,000千円、修正金額は定期昇給率3%を加味して1,297,800千円（1,260,000×1.03）になります。減価償却費の前期実績は3,100,000千円、成行は減価償却費の減少率(0.95)を加味した2,945,000千円（3,100,000×0.95）で修正金額も同じです。その他の修正金額は物価上昇率2%で修正した204,000千円（200,000×1.02）になります。

## 図表 ❼-⓰ 成行固定費

| | 前期実績 | | 成行固定費 | | |
| --- | --- | --- | --- | --- | --- |
| | 物量値 | 金額（千円） | 物量値 | 金額（千円） | 修正金額（千円） |
| 間接労務費 | 280人 | 1,260,000 | 280人 | 1,260,000 | 1,297,800 |
| 固定加工費 | | 3,300,000 | | | 3,149,000 |
| 　減価償却費 | 160台 | 3,100,000 | 160台 | 2,945,000 | 2,945,000 |
| 　その他 | | 200,000 | | 200,000 | 204,000 |

*成行間接労務費の修正金額は、定期昇給率を3％として算定
*固定加工費（減価償却費）は設備投資なしで減少
*固定加工費（その他）の修正金額は、物価上昇率を2％として算定

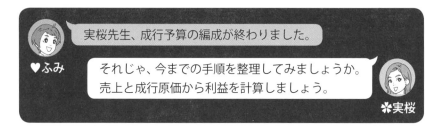

ふみ：実桜先生、成行予算の編成が終わりました。

実桜：それじゃ、今までの手順を整理してみましょうか。売上と成行原価から利益を計算しましょう。

## ❖製造原価予算を編成する

　予算編成で必要な利益には、付加価値、限界利益、売上総利益、営業利益などがあります。

付加価値 ＝ 総売上高－外部購入価値（前給付原価）

外部購入価値 ＝ 期首材料棚卸高＋原材料費＋外注費－期末材料棚卸高

限界利益 ＝ 付加価値－変動製造原価

売上総利益 ＝ 限界利益－（固定製造原価＋期首仕掛品原価
　　　　　　　　－期末仕掛品原価＋期首製品棚卸高－期末製品棚卸高）

営業利益 ＝ 売上総利益－販売費および一般管理費

　付加価値率は前期実績の57.1％が成行予算では54.2％、限界利益率は43.0％が39.0％、売上総利益率は30.0％が26.9％、営業利益は3.1％が1.1％となり、付加価値率以外は悪化しています。

### 図表 ❼-⓱ 前期実績と成行予算のまとめ

| | ① 前期実績 | | ② 成行予算 | | | | |
|---|---|---|---|---|---|---|---|
| | 金額（千円） | ％ | 金額（千円） | 修正 | ％ | 備考 金額 | 備考 修正 |
| 総売上高 | 35,000,000 | 100.0 | 36,750,000 | 36,750,000 | 100.0 | 前期実績×売上金額伸び率(1.05) | |
| 外部購入価値 | 15,000,000 | 42.9 | 16,500,000 | 16,830,000 | 45.8 | | |
| 　期首材料棚卸高 | 700,000 | 2.0 | 700,000 | 714,000 | 1.9 | 前期末材料棚卸高 | 成行金額×物価上昇率(1.02) |
| 　原材料費・外注費 | 15,000,000 | 42.9 | 16,500,000 | 16,830,000 | 45.8 | 前期実績×数量伸び率(1.1) | 成行金額×物価上昇率(1.02) |
| 　期末材料棚卸高 | 700,000 | 2.0 | 700,000 | 714,000 | 1.9 | 期首材料棚卸高 | 成行金額×物価上昇率(1.02) |
| 付加価値 | 20,000,000 | 57.1 | 20,250,000 | 19,920,000 | 54.2 | 総売上高－外部購入価値 | |
| 変動製造原価 | 4,940,000 | 14.1 | 5,434,000 | 5,575,020 | 15.2 | | |
| 　直接労務費 | 2,940,000 | 8.4 | 3,234,000 | 3,331,020 | 9.1 | 前期実績×数量伸び率(1.1) | 成行金額×定期昇給率(1.03) |
| 　変動加工費 | 2,000,000 | 5.7 | 2,200,000 | 2,244,000 | 6.1 | 前期実績×数量伸び率(1.1) | 成行金額×物価上昇率(1.02) |
| 限界利益 | 15,060,000 | 43.0 | 14,816,000 | 14,344,980 | 39.0 | 付加価値－変動製造原価 | |
| 固定製造原価 | 4,560,000 | 13.0 | 4,405,000 | 4,446,800 | 12.1 | | |
| 　間接労務費 | 1,260,000 | 3.6 | 1,260,000 | 1,297,800 | 3.5 | 成行間接労務費より | 成行金額×定期昇給率(1.03) |
| 　減価償却費 | 3,100,000 | 8.9 | 2,945,000 | 2,945,000 | 8.0 | 前期実績×減価償却費の減少率(0.95) | 成行金額×物価上昇率(1.02) |
| 　その他 | 200,000 | 0.6 | 200,000 | 204,000 | 0.6 | | 成行金額×物価上昇率(1.02) |
| 期首仕掛品棚卸高 | 35,000 | 0.1 | 35,000 | 35,700 | 0.1 | 前期末仕掛品棚卸高 | 成行金額×物価上昇率(1.02) |
| 期末仕掛品棚卸高 | 35,000 | 0.1 | 35,000 | 35,700 | 0.1 | 期首仕掛品棚卸高 | 成行金額×物価上昇率(1.02) |
| 期首製品棚卸高 | 25,000 | 0.1 | 25,000 | 25,500 | 0.1 | 前期末製品棚卸高 | 成行金額×物価上昇率(1.02) |
| 期末製品棚卸高 | 25,000 | 0.1 | 25,000 | 25,500 | 0.1 | 期首製品棚卸高 | 成行金額×物価上昇率(1.02) |
| 売上総利益 | 10,500,000 | 30.0 | 10,411,000 | 9,898,180 | 26.9 | 限界利益－固定製造原価－期首仕掛品棚卸高＋期末仕掛品棚卸高－期首製品棚卸高＋期末製品棚卸高 | |
| 販売費および一般管理費 | 9,400,000 | 26.9 | 9,245,000 | 9,499,250 | 25.8 | | |
| 　変動費 | 2,100,000 | 6.0 | 2,310,000 | 2,356,200 | 6.4 | 前期実績×数量伸び率(1.1) | 成行金額×物価上昇率(1.02) |
| 　固定費 | 7,300,000 | 20.9 | 6,935,000 | 7,143,050 | 19.4 | 前期実績×減価償却費の減少率(0.95) | 成行金額×定期昇給率(1.03) |
| 営業利益 | 1,100,000 | 3.1 | 1,166,000 | 398,930 | 1.1 | 売上総利益－販売費および一般管理費 | |

## ❖中期計画予算を編成する

**この予算は、中期利益計画の目標利益率から逆算した予算です。**中期
計画予算の製造原価は、次の式のように中期利益計画で確保したい利益
率から逆算して求めます。

> 外部購入価値＝総売上高－付加価値
>
> 変動製造原価＝付加価値－限界利益
>
> 固定製造原価＝限界利益－売上総利益
>
> 販売費および一般管理費＝売上総利益－営業利益

### 図表 ❼-⓱ 前期実績、成行予算、中期予算のまとめ

| | ① 前期実績 金額(千円) | ① % | ② 成行予算 金額(千円) | ② % | ③ 中期予算 金額(千円) | ③ % | ③－② 差額 金額 |
|---|---|---|---|---|---|---|---|
| 総売上高 | 35,000,000 | 100.0 | 36,750,000 | 100.0 | 36,750,000 | 100.0 | 0 |
| 外部購入価値 | 15,000,000 | 42.9 | 16,830,000 | 45.8 | 14,700,000 | 40.0 | -2,130,000 |
| 　期首材料棚卸高 | 700,000 | 2.0 | 714,000 | 1.9 | | | |
| 　原材料費・外注費 | 15,000,000 | 42.9 | 16,830,000 | 45.8 | | | |
| 　期末材料棚卸高 | 700,000 | 2.0 | 714,000 | 1.9 | | | |
| 付加価値 | 20,000,000 | 57.1 | 19,920,000 | 54.2 | 22,050,000 | 60.0 | 2,130,000 |
| 変動製造原価 | 4,940,000 | 14.1 | 5,575,020 | 15.2 | 5,512,500 | 15.0 | -62,520 |
| 　直接労務費 | 2,940,000 | 8.4 | 3,331,020 | 9.1 | | | |
| 　変動加工費 | 2,000,000 | 5.7 | 2,244,000 | 6.1 | | | |
| 限界利益 | 15,060,000 | 43.0 | 14,344,980 | 39 | 16,537,500 | 45.0 | 2,192,520 |
| 固定製造原価 | 4,560,000 | 13.0 | 4,446,800 | 12.1 | 4,410,000 | 12.0 | -36,800 |
| 　間接労務費 | 1,260,000 | 3.6 | 1,297,800 | 3.5 | | | |
| 　減価償却費 | 3,100,000 | 8.9 | 2,945,000 | 8.0 | | | |
| 　その他 | 200,000 | 0.6 | 204,000 | 0.6 | | | |
| 期首仕掛品棚卸高 | 35,000 | 0.1 | 35,700 | 0.1 | | | |
| 期末仕掛品棚卸高 | 35,000 | 0.1 | 35,700 | 0.1 | | | |
| 期首製品棚卸高 | 25,000 | 0.1 | 25,500 | 0.1 | | | |
| 期末製品棚卸高 | 25,000 | 0.1 | 25,500 | 0.1 | | | |
| 売上総利益 | 10,500,000 | 30.0 | 9,898,180 | 26.9 | 12,127,500 | 33.0 | 2,229,320 |
| 販売費および一般管理費 | 9,400,000 | 26.9 | 9,499,250 | 25.8 | 9,187,500 | 25.0 | -311,750 |
| 　変動費 | 2,100,000 | 6.0 | 2,356,200 | 6.4 | | | |
| 　固定費 | 7,300,000 | 20.9 | 7,143,050 | 19.4 | | | |
| 営業利益 | 1,100,000 | 3.1 | 398,930 | 1.1 | 2,940,000 | 8.0 | 2,541,070 |

コストダウン予算

ギャップ

前期実績、成行予算、中期予算をまとめると成行製造予算と中期計画予算のギャップが見えてきます。**中期計画上の数字が原則として今期の製造予算なので、成行予算と中計予算のギャップを埋めるためのコストダウン予算を立案します。**

## ❖コストダウン予算を立案する

コストダウンテーマと金額は、標準原価管理（第8章）で算定する原価差異項目や金額を参考にし、原価管理と原価改善の両側面から検討します。その際、コストダウン金額を日常管理に使っている物量値に置き直すことは特に重要です。原価管理がなかなか現場管理に降りない会社では、金額値と現場の物量値の連動がとれていない所に大きな原因があります。そして、だれが、いつまでに、何をするかを明確にしたアクション計画に仕上げます。

## ❖在庫予算を編成する

**在庫予算**は、製品在庫予算、仕掛品在庫予算、原材料在庫予算に分類されますが、いずれも適正な在庫を維持するための予算です。製造原価予算では、期首在庫量と期末在庫量が等しいとして予算を編成しましたが、在庫量そのものが適正であるかは常に管理する必要があります。在庫管理については第5章を参照してください。

### 図表 ❼-⓳ コストダウン予算のテーマ例

| 原価差異 | | コストダウン予算のテーマ例 | |
|---|---|---|---|
| | | 原価管理 | 原価改善 |
| 材料費差異 | 価格差異 | 低価格による購買 | 安い材料の選択 |
| | 数量差異 | 不良率の低減 | 部品点数削減 |
| 労務費差異 | 賃率差異 | 負荷と能力の調整 | 安い設備の選択 |
| | 作業時間差異 | 作業能率の向上 | 工程・作業改善 |
| 経費差異 | 予算差異 | 製造経費の節約 | エネルギー効率向上 |
| | 能率差異 | 作業能率の向上 | |
| | 操業度差異 | 負荷の平準化 | ― |

# 予算と実績の差異を分析する

●予算の事後統制は、予算と実績を比較し、その差異を計算し、差異の要因を洗い出し原因を分析することである。

## ❖売上高予算の差異を分析する

　売上高予算と実績との差異が発生する要因には、値引きなどによる売上単価の変動や売上数量の変動、プロダクトミックスの違いなどが考えられます。これら要因が変動する背景には、市場規模や市場占有率が影響します。

### ①市場規模

　売上は、まずその商製品の市場規模を把握することが大切です。そして、その市場規模が成長しているのか、または縮小しているのかを分析します。

### ②市場占有率

　次に、市場規模との関係でその企業がどのくらいの市場占有率を占めているかを分析します。これにより、その企業の市場での位置を把握することができます。

### 図表 ❼-❿ 売上高予算と実績との差異の発生要因

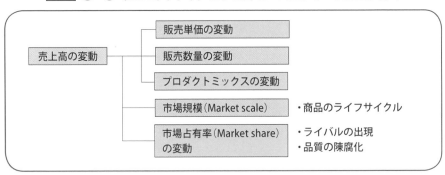

## ❖製造予算の差異を分析する

製造予算の差異は、第8章 p.214 を参照してください。

## ❖在庫予算の差異を分析する

在庫予算差異の要因は、売上数量や生産数量の変動、プロダクトミックスの違い、リードタイムの変動などが考えられます。この差異を管理するためには、在庫責任区分を明確にし、差異の分析と低減アクションを決定します。

また、在庫の状態を定量的に数値化する指標として、第5章で述べた在庫回転期間、在庫回転率、交叉比率があります。

### 図表 ❼-㉑ 在庫責任の明確化

| 在庫種類 | | 在庫内訳 | 在庫責任 | | | |
|---|---|---|---|---|---|---|
| | | | 営業 | 生管 | 製造 | 物流 |
| ①材料在庫 | 原材料 | 原料、材料 | | ○ | ○ | |
| ②仕掛在庫 | 部品 | 半組立品 | | ○ | ○ | |
| | 製品 | 半製品 | | ○ | ○ | |
| ③製品在庫 | 新規モニター | 営業管理品目、新製品 | ○ | | | |
| | 通常在庫 | 0〜5か月在庫 | | ○ | | |
| | 見越在庫 | 0〜5月在庫（負荷調整） | | ○ | | |
| | 滞留在庫 | 6か月以上の在庫 | | ○ | | |
| | 特注品 | 受注生産品 | ○ | ○ | | |
| | 拠点在庫 | 拠点倉庫在庫 | | | | ○ |

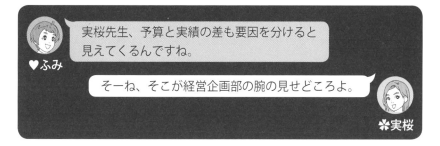

ふみ：実桜先生、予算と実績の差も要因を分けると見えてくるんですね。

実桜：そーね、そこが経営企画部の腕の見せどころよ。

# 事業別の損益を管理する原価と業績管理の進め方

●事業別の損益を管理するには、製品の用途別の売上と原価が必要になる。

## ❖製品の用途別の原価を計算する

♣清　実桜先生、事業の成長性や収益性を検討する資料を提出するように言われたんですけど…。

それには、事業別の原価計算が必要になるわ。

❀実桜

　会社の収益性を改善するには、事業という用途別に原価を集計し、同じく用途別に集計した売上高と対比して事業の収益性を考える「事業別原価計算」が必要になります。**ここで、事業とは製品の使い道（用途）に分けた単位です。**

　類似の製品でも用途により収益性が違ってきます。たとえば、電化製品の冷蔵庫や電子レンジなどは、一般家庭用にも、レストラン・スーパーなどの業務用にも使われています。一般家庭用の製品は、家電量販店を主体とした広い販売ルートで均一な冷蔵庫を数多く作ることが求められます。業

図表 ❼-㉒ 電化製品の用途

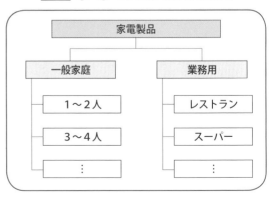

務用の製品は、レストラン・スーパーなどお客さまごとにレイアウトが異なるので、寸法や容積に関して個別の対応が必要になります。このように類似の製品でも用途により製品の原価が異なります。

## ❖用途別、お客さま別、製品別に損益を把握する

事業計画は、「どの用途」「どのお客さま」「どの製品」でどれだけの売上を上げ、どれだけ利益を上げるかを設定し方針を決定します。**事業の損益は、用途別の製品と顧客により決定するのです。**これが事業計画であり、この方針を各部門の活動に落とし込みます。営業部門は、顧客別・製品別の売上目標にしたがって営業・受注活動を行い、生産部門は原価目標にしたがってコストダウン活動を展開し、実績を把握しながら計画達成に向けて努力します。

会社が事業構造を見直すということは、用途別に製品構造および顧客構造を見直すことです。用途別の製品別損益、顧客別損益が変われば事業別損益は変わります。

> **ミニ知識**
>
> 事業別損益をよくしようと思えば、用途別に製品別損益、用途別損益の改善が必要です。それには、**用途別の原価計算**が役に立ちます。

### 図表 **7**-**㉓** 事業別損益管理

| 用途 | 計画 | | | 実績 | | |
|---|---|---|---|---|---|---|
| | 売上 | 原価 | 利益 | 売上 | 原価 | 利益 |
| 一般家庭 | | | | | | |
| 　量販店Y社 | | | | | | |
| 　　製品A | | | | | | |
| 　　製品B | | | | | | |
| 　量販店N社 | | | | | | |
| 　　製品A | | | | | | |
| レストラン | | | | | | |
| 　顧客X社 | | | | | | |
| 　　製品A-1 | | | | | | |
| 　顧客Y社 | | | | | | |
| 　　製品C-1 | | | | | | |
| スーパー | | | | | | |
| 　S社 | | | | | | |
| 　⋮ | | | | | | |
| ⋮ | | | | | | |

# 原価管理と管理会計

第8回定例ミーティングの前、会社のレストランで事前のランチミーティング

先日、技術部と製造部から原価管理の進め方について問い合わせがありました。

1つは、自分の部門にはどんな原価管理手法を導入したらいいかという質問です。

そーですか。詳しく説明してください。

技術部門には原価企画、製造部門には標準原価管理が必要ね。

ミーティングでも説明するけど…

実際原価と標準原価でムダを数値化するには、財務会計のデータと管理会計のデータが連動しないとできませんよね。

原価企画は図面段階の原価を管理するので事前の原価計算が欠かせないわ。

標準原価管理は実際原価と標準原価でムダを数値化して管理するので、標準原価の設定がキーポイントね。

さすが清さん、財務会計と管理会計の連動が標準原価管理を仕組みとして管理システムに落とし込むことにつながるのよ。

さらに、原価企画や標準原価管理などの管理システムと現場の物量管理がシステムとしてつながっているかもポイントよ。

工場ではIoTの導入を検討しているので、これと原価管理をドッキングさせればいいですね。

198

# 製品の**ライフサイクル**に応じて原価管理手法を使い分ける

●会社で発生する原価はすべて管理できるので、部門ごとに適切な原価管理手法を選択する。

## ❖ライフサイクルコストに対応した原価管理手法とは

**原価管理**とは、各部門が管理できる製品の製造やサービスに要した原価を集計し、原価のあるべき姿と比較することで、コストに対して管理や改善を行う活動です。会社で発生する原価は、すべて管理できます。

♣清　実桜先生、原価管理の手法っていろいろあるんですよね？

だれが、いつ、どの原価を管理するかという観点から考えられるといいんじゃない。

❖実桜

**図表 ❽-❶ 製品のライフサイクルコストと原価管理**

| 製品のライフサイクル | | 直接費 | | 間接費 |
|---|---|---|---|---|
| | **製品を循環し廃却する段階** | 原価企画 | | ABC/ABM |
| | ⑥廃却（Disposal phase） | | | |
| | 廃却コスト：製品を循環、廃却するときの原価、リサイクル原価、リユース原価、廃却原価 | | | |
| | **製品を販売、使用する段階** | | | |
| | ④据付（Installation）、⑤運用・保全（Operation and maintenance phase） | | | |
| | 所有者コスト（運用コスト）：製品を使用するときの原価、販売・流通原価、運用原価 | | | |
| | **製品を企画、設計・開発、製造する段階** | 研究・開発・設計部門 | 標準原価管理 | |
| | ①概念・定義（Concept and definition phase）、②設計・開発（Design and development phase）、③製造（Manufacturing phase） | 生産技術部門 | | 間接部門 |
| | 取得コスト（初期投資コスト）：製品を生むための原価、R & D（Research & Development）原価、設計・開発原価、製造原価 | | 製造部門 | 補助部門 |

第6章 で述べた製品のライフサイクルコストを管理する代表的な原価管理手法は、図表❽-❶のように整理できます。金額の大きい取得コスト（初期投資コスト）の直接費は、**原価企画**や**標準原価管理**、間接費はＡＢＣ（Activity Based Costing：**活動基準原価計算**）/ＡＢＭ（Activity Based Management：**活動基準原価管理**）が適用されます。

## ❖技術部門と製造部門は標準原価で結ばれる

### ①技術部門は製品別に原価を管理

　研究・開発などの技術部門が行う原価管理の1つに**原価企画**があり、製品別にいくらで作らなければならないかを示す目標原価を設定することから始まります。製品の原価を目標原価に近づけるには、製品設計や製造方式を改善します。こうした**改善によるコストダウン活動を、コストリダクション（Cost Reduction）と呼びます。**コストリダクション活動の結果、技術部門では、人・材料・機械設備・エネルギーの最適な組み合わせを作ります。それが現在達成できる最も低い原価（最低原価）となり、製造部門の目標である標準原価となります。

## 図表 ❽-❷ 原価企画と標準原価管理

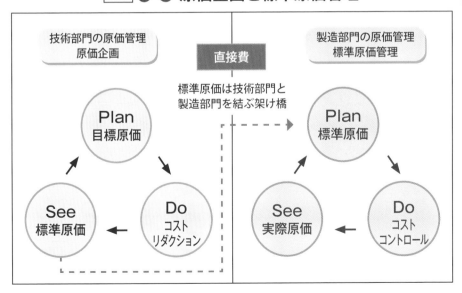

**8章**

原価管理と管理会計

## ②製造部門は部門別・工程別に原価を管理

製造部門は、技術部門が設定した標準原価を達成するために、部門や工程別のムダを排除し、日々の製造活動を管理します。**管理によるコストダウン活動を、コストコントロール（Cost Control）と呼びます。**

完成した製品は実際原価で評価しますが、実際原価と標準原価が等しければ、製造活動は極めて順調に行われたことになり会社の業績は向上します。この製造部門の原価管理活動が**標準原価管理**です。

### ❖技術部門と製造部門では原価管理の範囲が異なる

技術部門と製造部門で、担当する原価管理の範囲は異なります。技術部門の担当者は、特定の製品しか担当しない代わりに、その製品のすべ

**図表 ❽-❸ 部門別に見る原価と製品別に見る原価**

| 製品 部門（工程） | 技術部門 | | | | | |
|---|---|---|---|---|---|---|
| | 品目A | 品目B | 品目X | 品目Y | 品目Z | |
| 製造部門 成型部門 | | | ○ | ○ | ○ | 製品のすべての工程を担当 |
| 加工部門 | ○ | ○ | ○ | ○ | ○ | |
| 組立部門 | ○ | ○ | | ○ | ○ | |

すべての製品の特定の部門・工程を担当

製造部門

ふみ：実桜先生、原価管理の範囲が違うのはわかったんですけど、原価計算とはどんな関係があるんですか？

実桜：ふみさん、いい質問ね。**実際原価計算**は、費目別、部門別、製品別に行うでしょ。この手順と原価管理を一致させるのよ。

ふみ：そっかー、製造部門では部門別に**標準原価**と**実際原価**を管理すればいいんですね。

ての工程を担当します。製造部門の担当者は、特定の部門（工程）しか担当しない代わりに、すべての製品を担当します。同じ原価管理であっても、**技術部門によるコストリダクションでは製品別アプローチ、製造部門によるコストコントロールでは部門別アプローチという違いがあります。**

## ❖間接部門・補助部門の原価を管理する

製品原価に直接関係しない間接部門の原価管理は、ＡＢＣ／ＡＢＭで行います。ＡＢＭは間接部門の業務内容を、付加価値を生むコア業務、コア業務を支援する支援業務、本来必要のない付随業務に区分します。これにより、原価が発生している業務を把握し、経営資源の最適配分を行うことで、付加価値を増やすことができます。**また、間接部門・補助部門の業績は、ＢＳＣ（バランスト・スコアカード：Balanced Score Card）によって管理します。** 間接部門・補助部門の原価管理は、第９章で解説します。

### 図表 ❽-❹ 間接費の原価管理はＡＢＣ／ＡＢＭ

```
                        付加価値の向上
                   ────────────────────────
ABCの結果を活用し業務改善 ➡ │ コア業務 │ 支援業務 │ 付随業務 │
                   経営資源を付加価値向上に結びつく業務に最適配分する
```

また、原価企画や標準原価管理、ＡＢＣ／ＡＢＭなどの原価管理を実践するには、原価情報システムが欠かせません。原価情報システムを構築する際の目的や整理ポイントは、次の文献をご参照ください。

『見える化でわかる原価情報システムの作り方と使い方』
（日刊工業新聞社　2012年8月　小川正樹）

# 図面段階の原価は
# 原価企画で管理する

●製品の企画・設計・開発段階で、製品の機能・品質と原価を管理する仕組みとして原価企画がある。

## ❖原価企画活動は「Plan→Do→See」で進める

原価企画活動は、「Plan→Do→See」の管理サイクルを回すことで進めます。

### 図表 ❽-❺ 原価企画の展開プロセス

**Plan**
目標売価の設定から始まる目標原価の設定

第1次目標原価＝目標売価×（1－目標利益率）

| 目標売価 |
| --- |

| 第1次目標原価 目標利益 |
| --- |
└ コストダウン金額

| 見積原価 |
| --- |

**Do**
製品の機能・品質などの目標とリサイクルを考慮し、目標原価を達成するための製品設計と工程設計

・VE（Value Engineering：価値工学）
・IE（Industrial Engineering：経営工学）
・アイデア発掘（TRIZ）
・アイデア評価（品質工学）

**See**
製品の機能・品質・価格・納期・環境目標の達成率と低減率の確認

| 見積原価 |
| --- |
| 目標原価 |
| 標準原価 |

目標原価
達成率

コストダウン率

**目標原価達成率**

$$= \frac{目標原価}{標準原価} \times 100$$

**コストダウン率**

$$= \frac{見積原価－標準原価}{見積原価} \times 100$$

♥ふみ
実桜先生、原価企画にも**管理サイクル**があるんですね。

そーよ、**目標原価**を設定するのが原価企画の**Plan**よね。

❖実桜

**ふみ** Doは、設定した目標を達成することですね。

そして、**See**が目標原価の達成率の確認ね。達成してればいいけど、未達成のケースは再検討の活動が必要になるわ。 **実桜**

## ❖原価企画で図面段階の原価を管理

### ①目標原価の設定

Planは、顧客の要求から絞り込んだ製品の機能・品質・価格・納期・環境目標を考慮した「目標売価の設定から始まる目標原価の設定」です。目標売価と目標利益率から逆算する目標原価(第1次目標原価)を算定し、この原価と**現在の実力値である見積原価**を比較します。見積原価と第1次目標原価の差は、今後チャレンジするコストダウン金額です。

### ②目標原価を達成する製品設計と工程設計

Doは「製品の機能・品質・価格・納期・環境目標とリサイクルを考慮し、目標原価を達成するための設計」で、設計・開発者が担当する製品設計と生産技術者が担当する工程設計に大別できます。

目標原価を達成する有効なコストダウン手法には、VE(Value Engineering:**価値工学**)、IE(Industrial Engineering:**経営工学**)、改善のアイデアを発想するにはTRIZなどがあります。さらに、改善のアイデアを評価するには、**品質工学(タグチメソッド)**を活用します。

### ③目標原価の達成率とコストダウン率の確認

Seeは「製品の機能・品質・価格・納期・環境目標の達成率と低減率の確認」です。**コストダウン成果の確認は、目標原価達成率(目標原価÷標準原価)とコストダウン率{(見積原価－標準原価)÷見積原価}で評価します。**目標原価が未達成の場合は、再検討を重ねることで原価企画を推進することは言うまでもありません。

# 原価企画では
# 事前原価計算が欠かせない

● 原価計算には事後原価計算と事前原価計算がある。事前原価計算であらかじめ必要なお金を把握しなければ利益は確保できない。

## ❖ 原価企画に必要な３つの原価とは

♣清 実桜先生、原価企画の管理サイクルを回すには
どんな原価が必要なんですか？

目標原価、見積原価、標準原価の３つが
必要なのよ。整理しましょうか。

❀実桜

　製品別にいくらで作らなければならないかを示す**目標原価**は、材料費と加工費に分けて設定します。このとき参考にする現状の実力値を示す**見積原価**も材料費と加工費に分けて算定します。

　次に、目標原価に近づけるコストリダクション活動を展開します。設計・開発者は材料費の目標原価に近づける製品設計、生産技術者は加工費の目標原価に近づける工程設計を担当します。

　この結果、設計・開発段階で人、材料、機械設備、エネルギーの４つ

### 図表 ❽-❻ 原価企画活動に必要な３つの原価

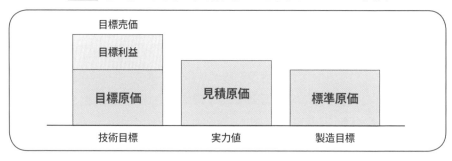

の要素の最適な組合せを作り、標準原価を設定します。標準原価は達成が期待される原価として、製造部門に引き渡されます。

## ❖事前原価計算は３段階に分けられる

原価企画では、見積原価(現状の実力値)と標準原価(あるべき原価)を**事前原価計算**で求めます。**事前原価計算は、原価を集約するレベルにより「概算見積」「基本見積」「詳細見積」の３段階に分けられます。**速さを必要とする事前原価計算では概算レベル方向の左側を、正確な事前原価計算が必要な場合は右方向の詳細レベルを採用します。

目標原価は、通常、製品またはユニット別に材料費、加工費に分けて設定します。しかし、部品加工中心の会社や加工費のコストダウンを検討するには部品別工程別加工費の算定が必要になります。見積原価は目標原価と同じレベルで設定します。

標準原価は、製造部門が目標とする原価となるので、詳細レベルで正確に算定します。

## 図表 ❽-❼ 事前原価計算の体系

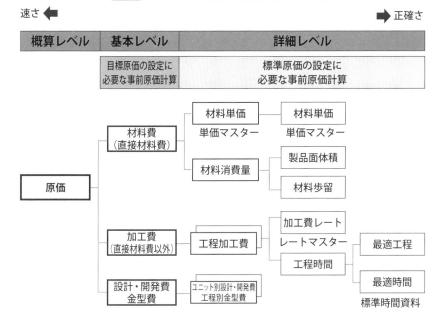

# 製造段階の原価は
# 標準原価管理で管理する

●標準原価は、製品別に直接材料費、直接労務費、製造間接費で構成される。

## ❖原価管理に必要な5項目とは

　技術部門の原価企画活動の結果として設定する原価が、製造部門の目標となる**標準原価**であり、製造部門では**標準原価管理**を展開します。原価計算基準では、原価管理を次のように定義しています。

> 原価管理とは、
> ①原価の標準を設定してこれを指示し
> ②原価の実際の発生額を計算記録し
> ③これを標準と比較して、その差異の原因を分析し
> ④これに関する資料を経営管理者に報告し
> ⑤原価能率を増進する措置を講ずること
>
> 『原価計算基準』第1章1(3)より作成

　①は、**標準原価の設定**と**標準原価計算**を意味します。**原価管理目的の標準原価は「どうであるべきか」を示す原価です。**

　②は、**実際原価計算**を意味します。原価管理で重要な実際原価計算は、標準原価計算と同じ集計単位(部門別)で、実際に発生した原価を計算記録する、部門別実際原価計算です。

　③は、**原価差異分析**を意味します。①の標準原価と②の実際原価を比べて、差異が生じた場合にはその要因を洗いだし原因を分析します。

　④は、**原価管理情報の提供**を意味します。正しい原価差異の分析情報がタイミングよく、経営管理者に報告されることが大切です。

　⑤は、**コストダウンアクション**を意味します。いくらよい原価差異の分析情報が出ても、原価を管理するという目的が達成できなければ意味

がありません。

## ❖原価標準を設定する

事前原価計算で標準原価ってどうやって計算するのですか？

♣清

**原価計算基準**を見てみましょうか。

❀実桜

原価計算基準では**標準原価**の算定について次のように述べています。

> 標準原価は、直接材料費、直接労務費等の直接費および製造間接費について、さらに製品原価について算定する。原価要素の標準は、原則として物量標準と価格標準との両面を考慮して算定する。
>
> 『原価計算基準』第3章41より作成

### ①標準直接材料費と標準直接労務費

**製品単位当たりの原価を原価標準と呼び**、次のように算定します。

> **標準直接材料費の原価標準＝標準価格×標準消費量**
> **標準直接労務費の原価標準＝標準賃率×標準直接作業時間**

原価標準に当月の製造数量を掛けると当月の標準原価が求まります。

### ②標準製造間接費の原価標準

製造間接費の原価標準については、次のように述べています。

> 価格の標準と消費量の標準を区分せず、部門間接費の固定予算と変動予算という形を取る。
>
> 『原価計算基準』第3章41（3）より作成

## ❖標準直接材料費と標準直接労務費を設定する

完成品Aの標準直接材料費と標準直接労務費を算定してみましょう。完成品Aは、厚みが1㎜で82㎜×82㎜の鉄板から抜き工程で直径80㎜の

完成品を製造します。

　標準直接材料費の原価標準は、標準価格(500円/kg)に標準消費量を掛け算して求めます。標準消費量は投入重量(0.053kg)なので投入材料費は26.5円(500円/kg×0.053kg)になります。完成品Aを製造するとスクラップになる材料(0.014kg)があり、スクラップ収入0.7円(50円/kg×0.014)が発生します。これより投入材料費26.5円からスクラップ収入0.7円を引き算した25.8円が製品Aの標準直接材料費の原価標準になります。

## 図表 8-8 完成品Aの原価標準

| 投入材料 | 抜き工程 | 完成品A |
|---|---|---|

**投入材料**
（材質は鉄で厚みが1mm）

82mm

82mm

投入材料面積
＝82mm×82mm
＝6,724㎟

鉄の比重は7.85(g/c㎡)
標準価格は500円/kg
スクラップ価格は50円/kg

**抜き工程**

直接作業を行う作業員：1人
標準賃率：60円/分
標準直接作業時間：1分/個

**完成品A**
完成品面積
＝40mm×40mm×3.14＝5,024㎟

80mm

完成品重量
＝ 完成品の体積 × 比重÷(kg換算)
＝ 1mm × 5,024㎟ × 7.85(g/c㎡) ÷ (1,000,000)
＝ 0.039kg

**スクラップ材料**

投入重量
＝ 投入材料の体積 × 比重 ÷ (kg換算)
＝ 1mm×6,724㎟×7.85(g/c㎡)÷(1,000,000)
＝ 0.053kg

投入材料費 ＝ 標準価格 ×投入重量
　　　　　＝ 500(円/kg) × 0.053(kg)
　　　　　＝ 26.5円

スクラップ重量
＝投入重量 － 完成品重量
＝0.053kg － 0.039kg
＝0.014kg

スクラップ収入
＝スクラップ価格
　　× スクラップ重量
＝ 50(円/kg) × 0.014(kg)
＝ 0.7円

標準直接材料費の原価標準
＝投入材料費－スクラップ収入
＝26.5円－0.7円 ＝ 25.8円

標準直接労務費の原価標準
＝標準賃率×標準直接作業時間
＝ 60円/分×1分/個＝ 60円

標準直接労務費の原価標準は、標準賃率(60円/分)に標準直接作業時間(1分/個)を掛け算して60円(60円/分×1分/個)となります。

## ❖標準製造間接費の原価標準を設定する

清さん、製造間接費の原価標準ってイメージがわく？

いやー、製品にひもづかないのが間接費ですよね。どうしたらいいんですか。

**標準製造間接費の原価標準は固定予算と変動予算という形を取ります。それは、製造間接費には多くの固定費が含まれ、直接製品に結びつけることが難しいからです。**

①固定予算の設定

原価計算基準では次のように述べています。

> 製造間接費予算を、予算期間において予期される一定の操業度に基づいて算定する場合に、これを固定予算となづける。
> 『原価計算基準』第3章41より作成

前章で述べた製造予算編成では、成行予算、中期計画予算からコストダウン予算を作成しました。標準製造間接費は、予算額から次のように計算します。

標準製造間接費 ＝ 製造間接費予算額 ÷ 操業度

製品Aを製造している製造部の固定予算額は3,672,000円、予算期間における基準となる操業度は年間2,040時間です。なお、操業度は、機械設備の運転時間や直接作業時間を使用します。

②変動予算の設定

原価計算基準では変動予算を次のように述べています。

製造間接費の管理をさらに有効にするために、変動予算を設定する。変動予算とは、製造間接費予算を、予算期間に予期される範囲内における種々の操業度に対応した予算をいい、実際間接費額を当該操業度の予算と比較して、部門の業績を管理することを可能にする。

『原価計算基準』第３章41より作成

変動予算額は操業度により金額が変わるので、操業度０％と操業度100％の状態を算定します。製品Ａを製造している製造部の操業度100％（2,040時間）に対応する変動予算額は2,040,000円です。操業度０％に対応する０円と操業度100に対応する2,040,000円の２点を結ぶ直線が変動予算線です。ここで変動費率は、1,000円/時間（2,040,000円÷2,040時間）となります。

図表 ⑧-⑨ 変動予算

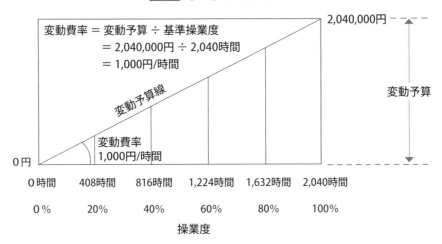

③原価標準の設定

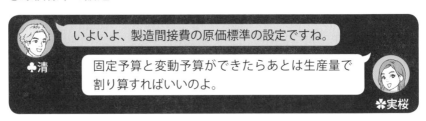

原価標準は、各操業度における固定予算と変動予算を生産量で割ることで求められます。完成品Aの標準直接作業時間は1分/個なので操業度が100%の2,040時間では、生産量は122,400個（2,040時間×60÷1分/個）となります。このときの原価標準は、単位固定費の30.0円と単位変動費の16.7円を合計して46.7円です。このように製造間接費の原価標準は、操業度により異なった値をとります。

## 図表 8-10 固定予算と変動予算

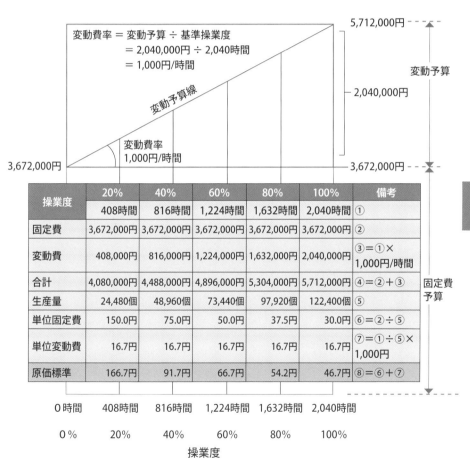

| 操業度 | 20% | 40% | 60% | 80% | 100% | 備考 |
|---|---|---|---|---|---|---|
| | 408時間 | 816時間 | 1,224時間 | 1,632時間 | 2,040時間 | ① |
| 固定費 | 3,672,000円 | 3,672,000円 | 3,672,000円 | 3,672,000円 | 3,672,000円 | ② |
| 変動費 | 408,000円 | 816,000円 | 1,224,000円 | 1,632,000円 | 2,040,000円 | ③＝①×1,000円/時間 |
| 合計 | 4,080,000円 | 4,488,000円 | 4,896,000円 | 5,304,000円 | 5,712,000円 | ④＝②＋③ |
| 生産量 | 24,480個 | 48,960個 | 73,440個 | 97,920個 | 122,400個 | ⑤ |
| 単位固定費 | 150.0円 | 75.0円 | 50.0円 | 37.5円 | 30.0円 | ⑥＝②÷⑤ |
| 単位変動費 | 16.7円 | 16.7円 | 16.7円 | 16.7円 | 16.7円 | ⑦＝①÷⑤×1,000円 |
| 原価標準 | 166.7円 | 91.7円 | 66.7円 | 54.2円 | 46.7円 | ⑧＝⑥＋⑦ |

変動費率 ＝ 変動予算 ÷ 基準操業度
＝ 2,040,000円 ÷ 2,040時間
＝ 1,000円/時間

変動予算線

変動費率
1,000円/時間

5,712,000円

変動予算

2,040,000円

3,672,000円

3,672,000円

3,672,000円

固定費予算

0時間　　408時間　　816時間　　1,224時間　　1,632時間　　2,040時間

0%　　　　20%　　　　40%　　　　60%　　　　80%　　　　100%

操業度

# 標準原価と実際原価でムダを数値化する

●工場内で発生する原価差異には、大きく分けて直接材料費差異、直接労務費差異、製造間接費差異の3種類がある。

## ❖直接材料費の差異を分析する

♥ふみ
今月は製品Aを7,800個製造して、材料費が212,302円かかったんです。これって順調ですかね？

製品Aの標準原価と比べてみましょうか。

❖実桜

　製品Aの直接材料費の原価標準は、標準価格が500円/kg、投入重量が0.053kgでした。この原価標準に製造数量（7,800個）を掛けると今月の標準直接材料費206,700円（500円/kg×0.053kg/個×7,800個）が設定できます。実際直接材料費は212,302円なので、標準直接材料費との差異は△5,602円（206,700－212,302）になります。この差異は価格差異と数量差異に大別できます。

### 図表 ❽-⓫ 直接材料費の差異分析

| 実際価格 505円/kg | 価格差異 | |
|---|---|---|
| 標準価格 500円/kg | 標準直接材料費（206,700円） | 数量差異 |
| | 標準消費量 413.4kg | 7.0kg |
| | 実際消費量 420.4kg | |

当月は完成品Aを7,800個生産

**標準消費量**＝0.053kg/個×7,800個＝413.4kg

**標準材料費**＝500円/kg×413.4kg＝206,700円

**直接材料費差異**＝標準直接材料費－実際直接材料費
　＝（標準消費量×標準価格）－実際直接材料費
　＝206,700円－212,302円＝△5,602円

**価格差異**＝（標準価格－実際価格）×実際消費量
　＝（500円/kg－505円/kg）×420.4kg＝△2,102円

**数量差異**＝（標準消費量－実際消費量）×標準価格
　＝（413.4kg－420.4kg）×500円/kg＝△3,500円

価格差異は、標準より高い材料単価のものを買ったことにより生じる差異で△2,102円となります。数量差異は、不良などで標準消費量より材料を多く使ってしまったために生じる消費量に関する差異で、△3,500円となります。**ここで、価格差異は材料を外部より購入する資材購買部門の責任となり、数量差異は企業内部で製品を生産する製造部門の責任となります。**

## ❖直接労務費の差異を分析する

直接材料費に続いて直接労務費の標準原価を設定します。当月は製品Aを7,800個製造したので標準作業時間は7,800分（1分/個×7,800個）になります。この時間に標準賃率（60円/分）を掛け算すると標準直接労務費468,000円（60円/分×7,800分）が求まります。実際直接労務費が594,000円なので直接労務費差異は△126,000円（468,000−594,000）になります。この差異は、**賃率差異**と**作業時間差異**とに大別できます。

賃率差異は、残業や休日出勤などで賃率が高くなったために生じる差異で、△54,000円となります。時間差異は、作業能率の低下や機械設備のトラブルなどで標準作業時間以上に実際作業時間がかかってしまう時間に関する差異で、△72,000円となります。**直接労務費差異の中で、賃率差異は工場長・生産管理部長などの責任となり、作業時間差異は製造部門の管理者・監督者と作業者の責任となります。**

### 図表 8-12 直接労務費の差異分析

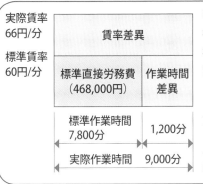

当月は製品Aを7,800個製造

**標準作業時間**＝1分/個×7,800個＝7,800分

**標準直接労務費**＝60円/分×7,800分＝468,000円

**直接労務費差異**＝標準直接労務費−実際直接労務費
＝（標準作業時間×標準賃率）−実際直接労務費
＝468,000円−594,000円＝△126,000円

**賃率差異**＝（標準賃率−実際賃率）×実際作業時間
＝（60円/分−66円/分）×9,000分＝△54,000円

**作業時間差異**＝（標準作業時間−実際作業時間）×標準賃率＝（7,800分−9,000分）×60円／分＝△72,000円

8章

原価管理と管理会計

## ❖製造間接費差異を分析する

　この差異は、「製造間接費の標準額と実際発生額との差異をいい、能率差異、操業度差異等に適当に分析する」と『原価計算基準』46に記載されていますが、**実務では予算差異、能率差異、操業度差異の３分法を用いることが多いようです。**

　製品Ａを製造する部門の１か月の基準操業度は10,200分（2,040時間×60÷12か月）、これに対応する製造間接費予算は固定予算が306,000円（3,672,000円÷12か月）、変動予算は170,000円（2,040,000円÷12か月）です。当月の製品Ａの実際生産量（7,800個）に対する標準操業度（標準作業時間）は7,800分（１分/個×7,800個）、実際操業度（実際作業時間）は9,000分で実際の製造間接費の発生額は550,000円でした。

### 図表 ❽-⓭ 製造間接費の差異分析

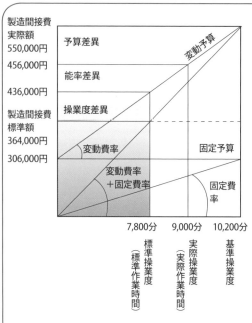

予算差異＝（固定予算＋実際作業時間×変動費率）－製造間接費実際額
　＝（306,000円＋9,000分÷60×1,000円/時間）－ 550,000円＝△94,000円

能率差異＝（固定予算＋標準操業度×変動費率）－（固定予算＋実際操業度×変動費率）＝（306,000円＋7,800分÷60×1,000円/時間）－（306,000円＋9,000分÷60×1,000円/時間）＝△20,000円

固定費率＝固定予算÷基準操業度
　＝306,000円÷10,200分×60＝1,800円/時間

製造間接費標準額＝（変動費率＋固定費率）×標準操業度＝（1,000円/時間＋1,800円/時間）×7,800分÷60＝364,000円

操業度差異＝製造間接費標準額－（固定予算＋標準操業度×変動費率）＝364,000円－（306,000円＋7,800分÷60×1,000円/時間）＝△72,000円

　３分法により**予算差異、能率差異、操業度差異**を求めてみよう。

216

## ①予算差異

予算差異は、実際操業度における予算と実際発生額との差異で経費の**ムダづかい**であり△94,000円となります。

予算差異＝（固定予算＋実際作業時間×変動費率）－製造間接費実際額
＝（306,000円＋9,000分÷60×1,000円/時間）－ 550,000円
＝△94,000円

## ②能率差異

能率差異は、**実際生産量に対する標準操業度（標準作業時間）と実際操業度（実際作業時間）との差異**で、△20,000円となります。

能率差異＝（固定予算＋標準操業度×変動費率）－（固定予算＋実際操業度×変動費率）＝（306,000円＋7,800分÷60×1,000円/時間）－（306,000円＋9,000分÷60×1,000円/時間）＝△20,000円

## ③操業度差異

操業度差異は、**操業度が低下したことによる単位固定費の増加分**が操業度差異で△72,000円が求まります。ここで、製造間接費標準額の364,000円は、「変動費率＋固定費率」に標準操業度を掛けて計算します。

操業度差異＝製造間接費標準額－（固定予算＋標準操業度×変動費率）
＝ 364,000円－（306,000円＋7,800分÷60 × 1,000円/時間）
＝△72,000円

**♣清** 実桜先生、原価差異は原価の**管理責任者別**に集計するんですね。

そーよ、原価管理は**管理可能費**を明確にすることから始まるのよ。

**✿実桜**

# 品質原価計算で品質に関係するお金を算定する

●よい製品やよいサービスのためにかけた品質関連のお金を合理的に管理するための管理会計技法が品質原価計算である。

## ❖品質を作り出すコストを分類する

ふみさん、品質を作り出すお金って何があると思う？

工場には製品の検査をやっている人がいるので、検査の機械設備や労務費があると思います。

❖実桜

♥ふみ

　品質を作り出すコストを品質コストと言い、その内容は「予防コスト（Prevention cost）」「評価コスト（Appraisal cost）」「失敗コスト（Failure cost）」に分けられます。

> **ミニ知識**
>
> 　これらはＰＡＦアプローチと称され、アメリカ品質管理協会など、一般に認められた品質コストの分類方法です。

### ①失敗コストを集計

　不良品や不適合品を作ると製造現場では、不良品の修正、手直し、廃却などいろいろな作業や処理が必要になります。このとき発生するお金が失敗コストです。失敗コストは、製品出荷前の「**内部失敗コスト**（Internal failure cost）」と製品出荷後の「**外部失敗コスト**（External failure cost）」に分けられます。

### ②評価コストを集計

　評価コストには、製品の品質を保証するために行う試験費用、検査費用、試験や検査機器の校正・点検費用と不良の発生を防ぐための調整費用があります。評価コストは、「検査員を何人にするか」「全数検査にするか抜取検査にするか」など品質とのバランスを考えながら管理することができる管理可能費です。

### ③予防コストを集計

　内部失敗コストや外部失敗コスト、評価コストの発生を予防したり、低減したりするための活動にかかるお金が予防コストです。このコストも評価コストと同じ管理可能費です。

## ❖品質原価計算と実際原価計算を連動させる

　社内や社外で発生している品質コストを把握するには、品質原価計算が必要になりますが、品質コストの大部分は会社にある実際原価データの中に含まれています。実際原価計算は「費目別」「部門別」「製品別」の3ステップですが、各ステップで品質コストを計算します。

### 図表 ❽-⓮ 品質原価計算と実際原価計算

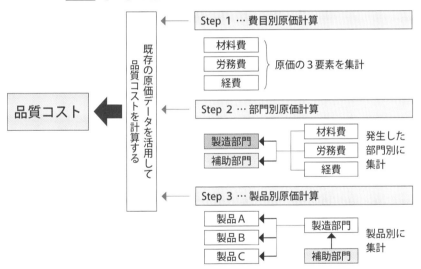

## ❖品質原価計算と実際原価計算を連動させる

品質コストの中身と原価計算の関係を教えてください。

♥ふみ

失敗コスト、評価コスト、予防コストの順に説明するね。

✿実桜

### ①内部失敗コストと外部失敗コスト

社内や協力工場で発生している内部失敗コスト、製品出荷後に発生する外部失敗コストには次のようなものがあります。部品の手直し費は、レート/工数(1工数当たりの金額)に手直し工数を掛け算して求めますが、必要なレートデータは部門別原価計算の結果を活用します。

たとえば、レート/工数が3,600円/工数の職場で3人が1時間かけて部品の手直しをすれば部品の手直し費は10,800(3,600円/工数×3人×1時間)円になります。また、再設計費のようにレート/設計変更件数(設計変更件数当たりレート)を用いる項目もあります。**ここで、設計変更件数当たりレート(活動別レート)は「設計変更費用÷設計変更件数」で求めます**が、詳細は9章で紹介します。

## 図表 ❽-⓯ 失敗コストの内容と求め方

| 区分 | | 項目 | 計算式 | 実際原価計算 費目別 | 実際原価計算 部門別 | 実際原価計算 製品別 |
|---|---|---|---|---|---|---|
| 内部失敗コスト | 手直し | 部品 手直し費 | レート/工数×手直し工数(人×時間) | | ○ | |
| | | 組立品 手直し費 | レート/工数×手直し工数(人×時間)＋部品原価×廃却部品数 | | ○ | ○ |
| | 不良廃却 | 廃却費 | 発生金額 | ○ | | |
| | | 廃却処理 費用 | レート/工数×廃却処理工数(人×時間) | | ○ | |
| | 失敗原因追究 | 原因追究費 | レート/工数×原因追究工数(人×時間) | | ○ | |
| | 再設計 | 設計変更費 | レート/設計変更件数×設計変更件数 | | ○ | |
| | | 金型修正費 | 発生金額 | ○ | | |
| | 購買変更 | 再発注費用 | レート/発注件数×再発注件数 | | ○ | |
| 外部失敗コスト | クレーム | クレーム 出張費 | レート/工数×手直し工数(人×時間)＋出張費 | ○ | ○ | |
| | 立会検査 | 立会検査費 | レート/工数×立会検査工数(人×時間)＋出張費 | ○ | ○ | |
| | 無償修理 | 無償代品費 | 工場仕切値×個数＋輸送費 | ○ | | ○ |
| | | 返品廃却費 | 発生金額 | ○ | | |
| | 製造物責任 | 損害補償費 | 支払い金額 | ○ | | |

②評価コスト

評価コストには、次のような項目があります。

### 図表 ❽-⓰ 評価コストの内容と求め方

| 区分 | 項目 | 計算式 | 実際原価計算 | | |
| --- | --- | --- | --- | --- | --- |
| | | | 費目別 | 部門別 | 製品別 |
| 検査コスト | 検査費 | レート/工数×検査工数(人×時間) | | ○ | |
| | 検査設備 | 発生費用 | ○ | | |
| 試験コスト | 試験費 | レート/工数×試験工数(人×時間) | | ○ | |
| | 試験部材費 | 単価×消費量(kg・個数) | ○ | | ○ |
| | 外部委託費 | 支払い金額 | ○ | | |
| 校正・点検コスト | 社内校正・点検費 | レート/工数×校正・点検工数(人×時間) | | ○ | |
| | 外部校正・点検費 | 支払金額 | ○ | | |
| 調整コスト | 過度な調整費 | レート/工数×作業工数(人×時間)/回×回数 | | ○ | |
| | 過剰工程費 | レート/工数×作業工数(人×時間)+設備投資金額 | ○ | ○ | |

③予防コスト

予防コストには、次のような項目があります。

### 図表 ❽-⓱ 予防コストの内容と求め方

| 区分 | 項目 | 計算式 | 実際原価計算 | | |
| --- | --- | --- | --- | --- | --- |
| | | | 費目別 | 部門別 | 製品別 |
| 品質計画コスト | 品質計画の立案費 | レート/工数×立案工数(人×時間) | | ○ | |
| 品質情報作成コスト | 納入業者の評価費 | レート/工数×評価工数(人×時間)+出張費 | ○ | ○ | |
| | 工程能力の調査費 | レート/工数×調査工数(人×時間) | | ○ | |
| 品質改善コスト | 設計審査費 | レート/工数×審査工数(人×時間) | | ○ | |
| | 品質会議費 | レート/回数×品質会議回数 | | ○ | |
| | 品質集計費 | レート/工数×品質指標集計工数(人×時間) | | ○ | |
| | 品質指導・支援費 | レート/工数×指導工数(人×時間)+出張費 | ○ | ○ | |
| | 予防保全費 | レート/工数×予防保全工数(人×時間)+直接費 | ○ | ○ | |
| 品質教育コスト | 教育人件費 | レート/工数×受講工数(人×時間)+出張費 | ○ | ○ | |
| | 教育受講費 | 支払い金額 | ○ | | |

# 品質コストのトレードオフを意思決定する

●予防コストと評価コストを充実させ失敗コストを低減することで総品質コストを予防コストだけになれば理想的な工場になる。

## ❖品質コストを自発的原価と非自発的原価に分ける

ここで、品質コストを合計したものを総品質コストと言います。

総品質コスト ＝ 予防コスト ＋ 評価コスト
　　　　　　　＋ 内部失敗コスト ＋ 外部失敗コスト

　自発的原価と非自発的原価の間には、トレードオフの関係が見られます。予防コストや評価コストを高めていくと、内部失敗コストと外部失敗コストは減少します。事前に予防や評価を強化すれば失敗の確率は小さくなります。

**用語**

　予防コスト、評価コストは、経営者の裁量による管理可能な費用なので自発的原価と呼ばれています。
　これに対して、内部失敗コスト、外部失敗コストは、経営者にとっては管理不可能な費用なので非自発的原価と呼ばれます。

①伝統的な品質コストのトレードオフ

　品質コストが開発された当初の品質コストは、適合品質を対象としたものであり、予防・評価コストと失敗コストのトレードオフに基づいて展開されました。

　縦軸に製品単位当たり原価、横軸に適合品質をとり、品質コストをプロットします。

　適合品質が悪いときは、総品質コストの構成は失敗コストと評価コストで、予防コストはわずかです。適合品質を向上させるために予防コストにお金をかければ、失敗コスト・評価コストの金額は少なくなります。

そして、総品質コストが最も小さくなる**経済的適合品質水準**は、予防コスト・評価コストと失敗コストが交わった点になります。

②現在の品質コストのトレードオフ

しかし、1970年以降の競争の激化にともない日本国内では品質管理活動が全社的に拡大しました。この活動により、高品質と低コストが同時に達成可能であることが認識させ、新しいトレードオフが提唱されました。

備えあれば憂いなしといわれますが、事前に予防を強化すれば失敗の確率は小さくなります。そして、失敗コストと評価コストがゼロになり、総品質コストが予防コストだけになれば、高品質と低コストを同時に達成することができる理想的な生産工場が誕生します。

## 図表 8-18 品質コストのトレードオフ

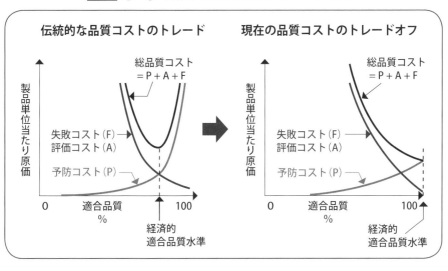

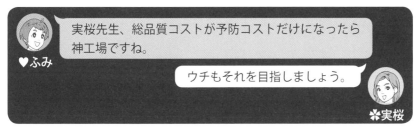

第9章 オフィスの働き方改革と管理会計

第9回ミーティングの開始前、経営トップとの事前打ち合わせ

社長、おはようございます。

おはよう！

管理会計導入プロジェクトの活動も開始して8か月が経過し、成果が出てきました。今後の展開についてご相談があります。

私からの提案ですが、管理会計の導入範囲を拡大したらよいと思っています。

実桜先生、範囲拡大とはどういうことですか？

わかりました。具体的にはどのような活動になるのですか？

今日まで、直接製品に関係する部門を中心に管理会計を導入してきました。

次は、オフィス部門に展開すべきだと考えています。

まず、オフィス部門の仕事の内容に応じて原価を計算する活動基準原価計算を導入し、オフィス部門の仕事の内容を見えるようにします。

そして、どの仕事に時間を使ったら付加価値が上がるかを意思決定するための活動基準原価管理を導入します。

オフィス部門の仕事が見えるようになると助かります。

224

# ABC（活動基準原価計算）で仕事の内容に応じた原価を計算する

●総原価に占める間接費の割合が高い会社は、オフィス活動に着目して原価をとらえる原価計算が必要である。

## ❖ABCで間接活動の原価を計算する

　1980年代以降、顧客のニーズは多様化し、自分に合ったものをタイムリーに欲しがる傾向はますます強まっています。工場で作る製品は多品種化し、生産ロットや納入ロットが小ロット化し、納期は短納期化し、製品寿命は短命化するという多様化現象が発生しています。その結果、総原価に占める間接費（補助部門費）や販売費および一般管理費の割合が高まっています。

　そこで、登場したのが間接部門や補助部門などのオフィス活動に着目して、活動別に原価をとらえて間接費を製品に配賦するABC（Activity Based Costing）です。

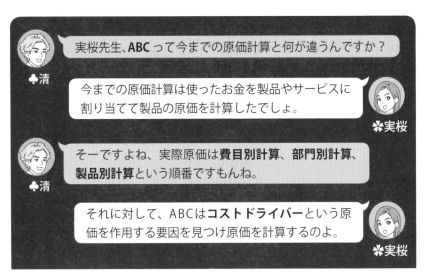

清：実桜先生、**ABC**って今までの原価計算と何が違うんですか？

実桜：今までの原価計算は使ったお金を製品やサービスに割り当てて製品の原価を計算したでしょ。

清：そーですよね、実際原価は**費目別計算**、**部門別計算**、**製品別計算**という順番ですもんね。

実桜：それに対して、ABCは**コストドライバー**という原価を作用する要因を見つけ原価を計算するのよ。

コストドライバーって、どうやって見つけるんですか？

♣清

これから説明するね。

♣実桜

## ❖活動ごとにコストドライバーを選択する

　ＡＢＣでは、まず間接部門や補助部門などのオフィス部門の活動を定義し、活動ごとに原価が増減する要因となっている**コストドライバー**（Cost Driver：原価作用因）を選択します。たとえば、購買管理部門の活動には「発注業務」「在庫管理」「折衝業務」、生産管理部門の活動には「生産計画」「工程計画」などがあります。発注業務のコストドライバーは「発注回数」や「部品数」、在庫管理のコストドライバーは「入出庫回数」や「部品数」などです。ＡＢＣでは、活動別に原価を集計し、その原価を配賦基準としてコストドライバーを用い製品別に配賦します。**このようにABCでは、何の活動に、どれくらいの資源（お金）を利用するかという視点からコストドライバーを見出して原価を計算します。**

実桜先生、ウチの九州工場では、部門ごとに**活動**と**コストドライバー**を設定しました。

♣清

### 図表 9-1 活動とコストドライバー

| 部門 | 活動 | コストドライバー |
|---|---|---|
| 購買管理 | 発注業務 | 発注回数 |
| | 在庫管理 | 入出庫回数 |
| | ⋮ | ⋮ |
| 生産管理 | 生産計画 | 計画回数 |
| | 工程管理 | 段取回数 |
| | ⋮ | ⋮ |
| 品質管理 | 苦情処理 | 苦情件数 |
| | 完成品検査 | 検査回数 |
| | ⋮ | ⋮ |

## ❖伝統的な原価計算とABCとの違いは何か

伝統的な原価計算とＡＢＣを比較してみましょう。

### 図表 ❾-❷ 伝統的原価計算とＡＢＣ

**伝統的原価計算**

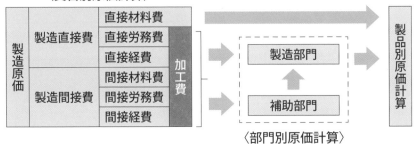

**ABC**

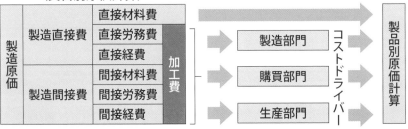

　上部にある伝統的な原価計算は、費目別原価計算、部門別原価計算、製品別原価計算の３ステップで行われます。これに対して下部のＡＢＣは、費目別原価計算のあと、活動（アクティビティ）別に補助部門費を集計し、それをコストドライバーと呼ばれる配賦基準を使って製品別に配賦します。また、製造部門のコストドライバーは直接作業時間（工数）や機械設備の稼働時間と考えれば、直接部門も同じように計算できます。

　このようにＡＢＣでは、何の活動（アクティビティ）に、どれくらいのお金（資源）を利用するかという視点からコストドライバーを見出して原価計算するスタイルに変わったのです。

## ❖活動別原価を計算する

費目別原価計算により求めたＭＥ社九州工場の補助部門費の内訳は、給与が14,000千円、賞与が3,000千円などで合計が23,320千円です。

次に、費目別の補助部門費を活動に特定できる**個別費**と、どの活動で発生したかが明確でない**共通費**に分けます。

給与や賞与は、だれがどの活動に所属しているかがわかるので個別費としています。それ以外の、福利厚生費、賃借料などは共通費として扱っています。福利厚生費は人数が大きいほど福利厚生費が大きいと考え、**配賦基準**に人員を選んでいます。賃借料は、床面積が大きいほど賃借

### 図表 ❾-❸ 活動別原価を計算（単位：千円）

| 費目 | | 配賦基準 | 補助部門費 | 購買管理部門 発注業務 | 購買管理部門 在庫管理 | 生産管理部門 生産計画 | 生産管理部門 工程計画 | 品質管理部門 苦情処理 | 品質管理部門 完成品検査 |
|---|---|---|---|---|---|---|---|---|---|
| 労務費 | 給料 | 直接賦課 | 14,000 | 3,600 | 2,000 | 2,850 | 2,150 | 1,300 | 2,100 |
| | 賞与 | 直接賦課 | 3,000 | 780 | 420 | 620 | 470 | 280 | 430 |
| | 福利厚生費 | 人員 | 2,000 | 500 | 300 | 400 | 300 | 200 | 300 |
| 製造経費 | 燃料動力費 | ― | 0 | 0 | 0 | 0 | 0 | | |
| | 賃借料 | 床面積 | 1,780 | 427 | 285 | 214 | 356 | 213 | 285 |
| | 減価償却費 | 床面積 | 940 | 226 | 150 | 113 | 188 | 113 | 150 |
| | 修繕費 | ― | 0 | 0 | 0 | 0 | 0 | | |
| | 消耗品費 | 人員 | 1,600 | 400 | 240 | 320 | 240 | 160 | 240 |
| 計 | | ― | 23,320 | 5,933 | 3,395 | 4,517 | 3,704 | 2,266 | 3,505 |

| 配賦基準 | | 合計 | 発注業務 | 在庫管理 | 生産計画 | 工程計画 | 苦情処理 | 完成品検査 |
|---|---|---|---|---|---|---|---|---|
| 床面積 | ㎡ | 50 | 12 | 8 | 6 | 10 | 6 | 8 |
| 人員 | 人 | 40 | 10 | 6 | 8 | 6 | 4 | 6 |

$$発注業務の福利厚生費 = 福利厚生費 \times \frac{発注業務の人員}{人員の合計} = 2,000 \times \frac{10}{40} = 500$$

229

料が大きいと考え、配賦基準に床面積を選んでいます。

　個別費を活動別に直接賦課、共通費を活動別に配賦計算すると、購買管理部門の発注業務の原価が5,933千円、在庫管理が3,395千円など活動別の原価が計算できます。

## ❖活動別レート（チャージレート）を設定する

実桜先生、活動別原価がわかったらどうやって製品別の原価を計算するんですか？

ABCでは、製品別の原価を計算するには
２つのやり方があるのよ。

❖実桜

　ＡＢＣの製品別原価計算には、「①特定製品のコストドライバー数に活動別レート（チャージレート）を掛け算する」方法と「②一定期間の活動原価をコストドライバー数で按分する」方法があります。

### ①特定製品のコストドライバー数に活動別レートを掛け算

製品別原価 ＝ 特性製品のコストドライバー数 × 活動別レート

　ここで、活動別レートは次のように設定します。

$$活動別レート ＝ \frac{一定期間の活動別原価}{その期間の活動別コストドライバー量}$$

　たとえば、発注業務の１年間の発注回数を9,600回とすると、発注業務の活動別レートは１回当たり618円になります。

$$活動別レート ＝ \frac{5,933,000円}{9,600回} ＝ 618円/回$$

### ②一定期間の活動原価をコストドライバー数で按分

$$製品別原価 ＝ 一定期間の活動別原価 × \frac{特定製品のコストドライバー数}{その期間の活動別コストドライバー}$$

どちらも計算結果は同じですが、①のように毎期活動レートを一定にしておくと計算が簡単です。

## ❖コストドライバーを配賦基準に計算する

活動別レート（チャージレート）にコストドライバーを掛け算して補助部門費を製品に配賦してみましょう。

製品Xの発注回数は75回、入出庫回数は140回、計画回数は100回、段取回数は120回、苦情件数は1件、検査回数は120回なので、補助部門費は次のようになります。

**製品Xの補助部門費 ＝ 発注業務＋在庫管理＋生産計画＋工程計画**
**＋苦情処理＋完成品検査**

＝618円/回×75回＋226円/回×140回＋411円/回×100回＋296円/回×120回＋18,883円/件×1回＋325円/回×120回＝212,493円

同様に計算すると製品Yは131,611円、製品Zは468,063円になります。

伝統的な原価計算では製品1台当たりの実績工数が少ないと補助部門費も少なくなり、原価が安いと勘違いすることがあります。ABCでは製品Zのように、計画数が多い（小ロットで作る）製品の補助部門費は高くなり、多品種少量生産の影響を原価に組み込むことができるのです。

### 図表 ❾-❹ ABCによる製品別原価計算資料

| 項目 | | 購買管理部門 | | 生産管理部門 | | 品質管理部門 | | |
|---|---|---|---|---|---|---|---|---|
| | | 発注業務 | 在庫管理 | 生産計画 | 工程計画 | 苦情処理 | 完成品検査 | |
| 活動原価 | 千円 | 5,933 | 3,395 | 4,517 | 3,704 | 2,266 | 3,505 | ① |
| コストドライバー | 名称 | 発注回数 | 入出庫回数 | 計画回数 | 段取回数 | 苦情件数 | 検査回数 | |
| | 量 | 9,600 | 15,000 | 11,000 | 12,500 | 120 | 10,800 | ② |
| 活動別レート | 円 | 618 | 226 | 411 | 296 | 18,883 | 325 | ③＝①÷② |

| 項目 | コストドライバー | | | | | |
|---|---|---|---|---|---|---|
| | 発注回数 | 入出庫回数 | 計画回数 | 段取回数 | 苦情件数 | 検査回数 |
| 製品X | 75 | 140 | 100 | 120 | 1 | 120 |
| 製品Y | 35 | 50 | 50 | 65 | 2 | 65 |
| 製品Z | 175 | 230 | 250 | 300 | 1 | 300 |

# ＡＢＭ（活動基準原価管理）で オフィスの原価を管理する

●ＡＢＭは、ＡＢＣで見つけたコストドライバーを管理に使い非付加価値業務を改善する機会を見つけ出す。

## ❖ＡＢＣをマネジメントとして活用する

　ＡＢＣにより活動ごとに正しい原価を計算し、ムダな活動を改善することで収益性を向上させる手法がＡＢＭ（Activity Based Management）です。**ＡＢＭは業務改善や原価管理を通じて会社の利益を向上させながら、顧客が受け取る価値も向上させることを目指しています。**

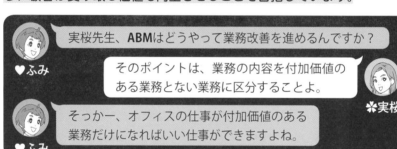

　ＡＢＭはＡＢＣの情報に基づいて実施しますが、次のような特徴があります。

●原価を算定することに注目するのではなく、管理のためにプロセスに注目します。
●付加価値活動と非付加価値活動を明らかにすることによってコストダウンと顧客の価値向上を達成させます。

　ＡＢＣでコストドライバーに基づいて活動別に原価を集計すれば、ある特定の業務にいくらの原価をかけているかがわかります。そこでＡＢＭは、会社がどのような活動を行っているか、その活動がほかの活動と

どのように関連しているかに着目するのです。

## ❖ABMは非付加価値業務に着目する

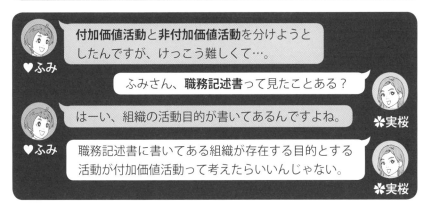

付加価値活動と非付加価値活動を分けようと
したんですが、けっこう難しくて…。
♥ふみ

ふみさん、**職務記述書**って見たことある？
✤実桜

はーい、組織の活動目的が書いてあるんですよね。
♥ふみ

職務記述書に書いてある組織が存在する目的とする
活動が付加価値活動って考えたらいいんじゃない。
✤実桜

職務記述書にあるプロセスに着目して会社内の活動を見直すと、**会社の目的を達成し顧客に対して価値を提供している付加価値活動と顧客に対して価値を提供していない非付加価値活動があります。**

付加価値という観点で会社内の活動を分けると、2つまたは3つになります。2区分で言う付加価値活動は3区分で言うコア活動と同意であり、2区分の非付加価値活動を3区分では支援活動と付随活動に分けています。

### 図表 ❾-❺ 企業内活動の分類

| 活動(アクティビティ)区分 | | 定 義 |
|---|---|---|
| 二区分 | 付加価値業務(主要活動) | 部門や組織のミッションに直接寄与するもの |
| | 非付加価値業務(副次活動) | 主要活動(アクティビティ)を支援するもの |
| 三区分 | コア活動 | 組織が存在する目的そのもので、組織の内部および外部の顧客サービスを提供するもの |
| | 支援活動 | コア活動(アクティビティ)の実現を可能にするために必要なもの |
| | 付随活動 | 基本的には組織またはシステムの欠落によって生ずるもの |

# どの仕事に時間を使ったら 付加価値が上がるかを意思決定する

●業務レベルには３階層あるが、プロセスのレベルで業務を分析し非付加価値業務を改善する。

## ❖ABCとABMを統合して活用する

　ＡＢＣでは、活動別に原価を集計しコストドライバーを用い製品別に配賦します。先月の発注活動に関する原価は5,933千円、今月は5,720千円でした。発注業務に関する原価は先月より下がりましたが、１回当たりの発注費用を比べると先月は618円/回（5,933千円÷9,600回）、今月は650円/回（5,720千円÷8,800回）で高くなっています。

　そこでＡＢＭが登場します。ＡＢＭはプロセスに着目して、活動別の原価が非付加価値の活動があればそれを低減し、付加価値のある活動に組み替えるBPR（Business Process Reengineering）を実践します。ＢＰＲは業務プロセスのあり方を根本から見直し、それを基軸にして経営システム、業務システム、組織などを組み替えるアプローチです。

### 図表 ❾-❻ ＡＢＣ／ＡＢＭの流れ

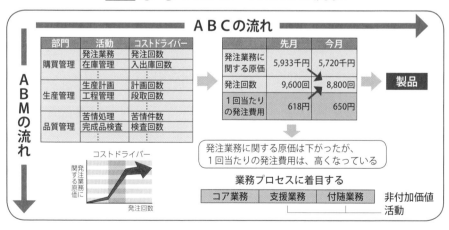

## ❖業務レベルを３階層に分ける

**♣清**　実桜先生、**業務プロセス**を組み替えるにあたっての注意事項って何ですか？

そーね、まず業務プロセスの**範囲**を決めることかなぁ。

**❀実桜**

　会社で行っている業務は、アクティビティ・プロセス・オペレーションの３階層に分けられます。業務レベルを曖昧(あいまい)にしたままで改善を行うと、業務レベルがばらばらになり改善がうまく進みません。

> **用語**
> **アクティビティ**…生産工程、製造、その他経営諸機能を異にする部署について設けられた、原価の**最小管理責任単位**です。

　アクティビティを細分化したプロセスのレベルで業務を分析しますが、次のような項目を確認し非付加価値業務を改善します。

●どんなスタッフが働いているか、作業内容を確認する
●どんな要因が各プロセスの業務時間を決定するか
●必要なスタッフ数を決める要因を確認する
●残業の原因、手待ち時間の原因を確認する

### 図表 ❾-❼ 業務レベルと内容

| 業務レベル | 内容と範囲 |
|---|---|
| アクティビティ（活動） | 経営諸機能を異にする部署について設けられた、原価の最小管理責任単位で、通常は課が受け持つ業務範囲であるが、組織が大きくなると係が受け持つ業務範囲になる |
| サブアクティビティ | 係が受け持つ業務範囲で、係の目的とする業務 |
| プロセス | １人または同一作業を複数人が分担している場合の受け持つ業務範囲で、ビジネスプロセス分析のレベル |
| オペレーション | １人が受け持つ業務の最小分割単位でこれ以上は細分化しない |

**9章**

オフィスの働き方改革と管理会計

## ❖業務プロセスを活動区分で分析する

♣清 実桜先生、**業務プロセス**を分析してみました。
意外とコア業務って少ないんですね。

そーよ、私の経験では業務改善に積極的でない
会社はコア業務の比率が30％程度よ。

♣実桜

　コア活動は**組織が存在する目的そのものですが、方針策定、計画、システム設計などのクリエイティブ業務と定型業務に分けられます。**クリエイティブ業務は標準化やデータベース化、定型業務は標準化やRPA（Robotic Process Automation；/ロボティック・プロセス・オートメーション）などの自動化を検討します。

　支援活動は、コア活動の実現を可能にするために必要なもので、会議や課内業務のための資料作成にかかる時間は多いようです。会議廃止、資料廃止または一括作成やレポート

| 図表 ❾-❽ 業務内容と活動区分 | | | | | |
|---|---|---|---|---|---|
| アクティビティ | プロセス | 時間 | 活動区分 | | |
| | | | コア | 支援 | 付随 |
| 発注業務 | 仕様書チェック | 350 | | ○ | |
| | 発注 | 700 | ○ | | |
| | 納入進捗 | 950 | | | ○ |
| 在庫管理 | 材料受入 | 800 | | ○ | |
| | 払い出し | 860 | ○ | | |
| ⋮ | ⋮ | ⋮ | ⋮ | ⋮ | ⋮ |

枚数低減などにより支援活動を減らすことができます。

　**付随活動**は、組織ないしはシステム内の欠落によって生じるもので、進捗、検収、苦情処理などの業務はこれに該当します。

## ❖ECRSで改善のアイデアを発想する

♥ふみ ウチの会社では、支援活動の会議がすごく多いことが
わかったんです。会議って必要なんですかね？

ふみさん、**改善着想の原則**を適用したらいいんじゃない。

✿実桜

改善着想の原則とは、Eliminate（排除）、Ｃ：Combine（結合）、Ｒ：Rearrange（入替）、Ｓ：Simplify（簡素化）ですべての改善はこの４つの改善着想に集約されます。ECRSの順に会議改善案を発想します。

その結果、ＭＥ社の会議時間は9,659時間/年から6,850時間/年になり、2,809時間/年（▲29％）低減しました。

### 図表 ❾-❾ 改善着想の原則

| 実施手順 | 1．排除<br>（E：Eliminate） | 会議をやめることはできないか？ | その会議は必要か？ |
|---|---|---|---|
| | 2．結合<br>（C：Combine） | その会議を結合、組み合わせることはできないか？ | いっしょにできないか？ |
| | 3．入替<br>（R：Rearrange） | その会議の入替、順序の変更をすることはできないか？ | ・ほかの方法に変更できないか？<br>・事前に準備できないか？ |
| | 4．簡素化<br>（S：Simplify） | その会議を簡単にすることはできないか？ | ・出席者を絞れないか？<br>・時間を短縮できないか？<br>・回数を減らせないか？ |

### 図表 ❾-❿ 会議の見直し

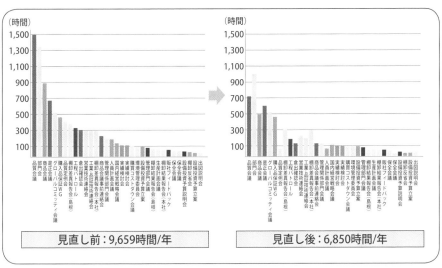

見直し前：9,659時間/年 → 見直し後：6,850時間/年

# BSC（バランスト・スコアカード）で業績を評価する

●業績を評価する仕組みとしてバランスト・スコアカードがあり、3つの評価指標を設定する。

## ❖バランスト・スコアーカードには4つの視点がある

　キャプラン（Robert S. Kaplan）とノートン（David P. Norton）により提唱された業績評価プログラムにバランスト・スコアーカード（Balanced Scorecard：以下、BSCと記す）があります。

　BSCは、戦略を策定し実行するために、①財務の視点、②顧客の視点、③内部ビジネスプロセスの視点、④学習と成長の視点、という4つの視点からバランスよく業績を評価する管理手法です。BSCの目標と業績評価指標には、売上高や利益などの**財務業績評価指標**と顧客満足度や市場占有率などの**非財務業績評価指標**があります。これらの評価指標は、会社のミッションや戦略に基づきトップダウン方式で選定しますが

図表 ❾-⓫ バランスト・スコアーカードの4つの視点

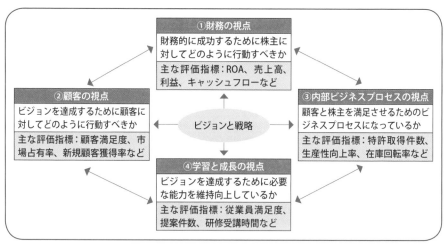

管理会計が欠かせません。

## ❖評価指標には３種類ある

　ここで、４つの視点の主な評価指標は、結果として表れる業績評価指標（Performance indicators）で、特に重要な指標は**KPI**（Key Performance Indicators）と呼ばれています。**KPIは、曖昧なものではなく具体的なものにし、全社的に統一することが大切です。**たとえば、財務の視点ではROAやキャッシュ・フロー、顧客の視点では顧客満足度や市場占有率、内部ビジネスプロセスの視点では特許取得件数や生産性向上率、学習と成長の視点では従業員満足度や提案件数などが考えられます。

　**日常の管理で成果をどのように達成するか、業務は順調に進んでいるかを知るためには、成果を得るための要因を常に管理する必要があります。**この要因を**パフォーマンスドライバー**（Performance driver）と呼びます。パフォーマンスドライバーは、組織上の各部門長が目指すべきアウトプット指標ですが、これを実現するにはインプットとしてのコストがかかります。インプット指標には**コストドライバー**があります。

> **ミニ知識**
>
> 　バランスト・スコアーカードには、成果の業績評価指標で重要なKPI、パフォーマンスドライバー、**コストドライバー**の３つの指標がバランスしていなければなりません。

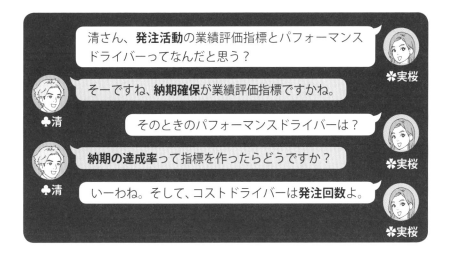

# ＡＢＢ(活動基準予算)を 予算管理への適用する

●ＡＢＣと連動したＡＢＢでは、活動別に業務改善を推進する活動とアウトプットを向上させる活動に分けて予算を作成する。

## ❖ABBを予算管理に適用する

ABCの考え方で予算を作成するのがABB(Activity Based Budgeting)です。

ふみさん、**ABC**で設定した**活動レート**って覚えている？

はーい、活動原価をコストドライバーで割り算して求めました。

❖実桜

♥ふみ

　ＡＢＢは、ＡＢＣで集計した活動別レートを使って予算を編成します。

### ①成行活動予算

　成行活動予算は、活動別レートに予算期間のコストドライバーを掛けて算定します。たとえば、発注業務では予算期間に仕事量が５％増えるのでコストドライバーは10,080(9,600×1.05)回になり、成行活動予算は6,299千円となります。

> 発注業務の成行活動予算
> ＝ 活動別レート × 予算期間のコストドライバー
> ＝ 618円/回 × 10,080回 ＝ 6,299千円

　同じように在庫管理は、コストドライバーは15,750(15,000×1.05)回になり、成行活動予算は3,560千円になります。

> 在庫管理の成行活動予算

$$= 活動別レート × 予算期間のコストドライバー$$
$$= 226円/回 × 15,750回 = 3,560千円$$

## ❖現状活動を資源配分する

　発注業務、在庫管理と同じように生産計画、工程計画、苦情処理、完成品検査の成行活動予算を算定しました。最終行の成行活動比率は、成行活動予算の合計金額を100にして、各活動の構成比率を計算したもので、発注業務は25.4％、在庫管理は14.5％です。

発注業務の成行活動比率 ＝ 成行活動予算 ÷ 成行活動予算合計 ×100
　＝ 6,229千円 ÷ 24,486千円 ×100 ＝ 25.4％

在庫管理の成行活動比率 ＝ 成行活動予算 ÷ 成行活動予算合計 ×100
　＝ 3,560千円 ÷ 24,486千円 ×100 ＝ 14.5％

　この比率は、現状の経営が間接資源を何に使っているかを表しています。**企業利益を向上させるためには、どの活動に資源を配分するかが重要で、これを最適資源配分と呼びます。**

### 図表 9-12 成行活動予算

| 項目 | | 購買管理部門 | | 生産管理部門 | | 品質管理部門 | | 合計 | |
|---|---|---|---|---|---|---|---|---|---|
| | | 発注業務 | 在庫管理 | 生産計画 | 工程計画 | 苦情処理 | 完成品検査 | | |
| 活動原価 | 千円 | 5,933 | 3,395 | 4,517 | 3,704 | 2,266 | 3,505 | 23,320 | ① |
| コストドライバー | 名称 | 発注回数 | 入出庫回数 | 計画回数 | 段取回数 | 苦情件数 | 検査回数 | | ② |
| | 量 | 9,600 | 15,000 | 11,000 | 12,500 | 120 | 10,800 | | |
| 活動別レート | 円 | 618 | 226 | 411 | 296 | 18,883 | 325 | | ③＝①÷② |
| コストドライバー | 名称 | 発注回数 | 入出庫回数 | 計画回数 | 段取回数 | 苦情件数 | 検査回数 | | ④ |
| | 量 | 10,080 | 15,750 | 11,550 | 13,125 | 126 | 11,340 | | |
| 成行活動予算 | 千円 | 6,229 | 3,560 | 4,747 | 3,885 | 2,379 | 3,686 | 24,486 | ⑤＝③×④ |
| 成行活動比率 | ％ | 25.4 | 14.5 | 19.4 | 15.9 | 9.7 | 15.1 | 100.0 | |

♣清　実桜先生、成行活動比率を見ると補助部門費の使われ方がよくわかりますね。

限られた資源をどのように配分するかが重要ね。

❀実桜

## ❖中期活動予算を最適資源配分する

　中期活動予算で間接労務費のコストダウンが必要な場合は、間接労務費の**最適資源配分**を検討します。成行活動予算が24,486千円、中期活動予算が23,000千円で活動別の構成比率は、発注業務が20％、在庫管理が10％、生産計画が25％、工程計画が20％、苦情処理が5％、完成品検査が20％です。これは、「計画面を充実する、製品や業務品質を向上し、顧客に対する会社の価値を向上する」という戦略の具体化です。この比率により中期活動予算の23,000千円を配分すると発注業務は4,600千円、在庫管理は2,300千円になります。

> 発注業務の中期活動予算 ＝ 中期活動予算の合計×中期活動比率
> 　＝ 23,000千円 × 0.20 ＝ 4,600千円
> 在庫管理の中期活動予算 ＝ 中期活動予算の合計×中期活動比率
> 　＝ 23,000千円 × 0.10 ＝ 2,300千円

　成行活動予算と中計活動予算を比べると発注業務、在庫管理、苦情処理は業務改善などによるインプットの低減、生産計画、工程管理、完成品検査は資源投入によるアウトプットの向上策が必要なことが明確になります。

### 図表 ❾-⓭　　成行活動予算と中期活動予算

| 項目 | | 購買管理部門 | | 生産管理部門 | | 品質管理部門 | | 合計 | |
|---|---|---|---|---|---|---|---|---|---|
| | | 発注業務 | 在庫管理 | 生産計画 | 工程計画 | 苦情処理 | 完成品検査 | | |
| 成行活動予算 | 千円 | 6,229 | 3,560 | 4,747 | 3,885 | 2,379 | 3,686 | 24,486 | ① |
| 成行活動比率 | ％ | 25.4 | 14.5 | 19.4 | 15.9 | 9.7 | 15.1 | 100.0 | ② |
| 中期活動比率 | ％ | 20.0 | 10.0 | 25.0 | 20.0 | 5.0 | 20.0 | 100.0 | ③ |
| 中期活動予算 | 千円 | 4,600 | 2,300 | 5,750 | 4,600 | 1,150 | 4,600 | 23,000 | ④ |
| 差　額 | 千円 | -1,629 | -1,260 | 1,003 | 715 | -1,229 | 914 | -1,486 | ⑤＝④-① |

業務改善
（インプットの低減）　　アウトプット
の向上　　業務改善　アウトプット
の向上

## ❖原価企画とABC/ABMの統合化により業務を改善する

> 清さん、間接費を低減するにはどうしたらいいと思う？

❖実桜

間接費の低減策には、コストドライバーの低減や部品の標準化、ＢＰＲによる業務プロセスの見直しなどがあります。

ものづくりの会社の代表的なコストドライバーに部品数があります。より少ない部品で新製品が設計・開発できれば製品原価と間接費の低減が同時に実現できます。そのためには、部品やユニットの標準化領域を拡大し、製品は多様化されてもより少ない部品やユニットで対応することが大切です。

ＡＢＣ/ＡＢＭ領域のコストドライバー情報を活用した標準化を実施し、それを活用した製品設計、工程設計を行うことで直接費と間接費を目標原価とする原価企画が実践できます。その結果、目標原価を達成した図面がＣＡＤ（Computer-aided Design）システムに構築され、ＣＡＤデータから標準原価を設定することで原価企画・標準原価管理・ＡＢＣ/ＡＢＭが統合化され、総原価の管理システムが構築することができます。

## 図表 ❾-⓮ 原価企画とＡＢＣ / ＡＢＭの統合化

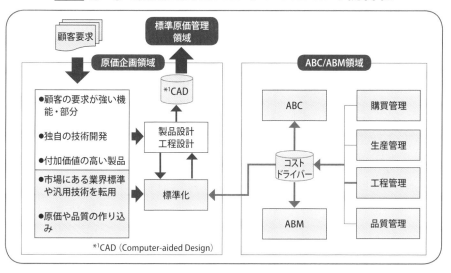

# BSCと予算管理システムを統合化する

●管理会計を統合化することで総原価を管理し会社の収益性を向上させる仕組みが構築できる。

## ❖予算管理システムの5つの機能とは

♣清　実桜先生、作った予算を管理するには、どんなシステムが必要なんですか？

予算管理システムには、5つの機能が必要なのよ。

❀実桜

　予算管理システムには、①計画機能、②伝達機能、③調整機能、④統制機能、⑤動機づけ機能の5つが必要です。ここで、①**計画機能**、③**調整機能**、④**統制機能**を予算管理システムの三大機能と言います。

図表 ❾-⓯ **予算管理システムの機能**

| 予算管理システムの機能 | |
|---|---|
| ①計画機能 | 企業全体の目標を経営組織の各部門に展開し、各部門の目標を達成するために「だれが」「いつまでに」「何をするか」という行動計画を作成する |
| ②伝達機能 | 企業として目標利益を公式に伝達する |
| ③調整機能 | 相互に関係する2つの活動を調整する。1つ目は組織の縦の調整、2つ目は組織を横断する横の調整である |
| ④統制機能 | Plan−Do−Seeの管理サイクルを回すことであるが、Plan−Do−Seeの各段階で統制機能がある |
| ⑤動機づけ機能 | ①〜④の各機能をドライブ（駆動）させる |

#### ①計画機能

　予算は一定期間における各業務分野の具体的な業務計画を貨幣的に表し総合編成したものです。このために必要なものが計画機能で、「だれが」「いつまでに」「何をするか」という行動計画を作成します。

#### ②伝達機能

　当期の利益目標を各部門に指示するには伝達機能が必要になります。各部門は利益目標に基づいて詳細な予算を作成するため、企業として公式に利益目標を各部門に伝達することが重要です。

#### ③調整機能

　予算における調整には、組織の上下階層における縦の調整と同階層における横の調整があります。縦と横の調整は独立しているのではなく、縦と横の調整を繰り返し全体の予算を作成します。

### 図表 ❾-⓰ ２つの調整機能

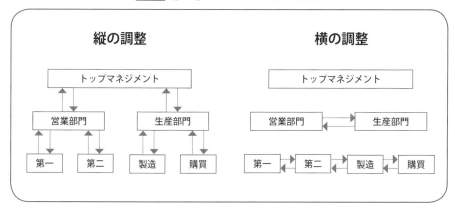

#### ④統制機能

　管理サイクルを回す機能が統制機能であり、Plan段階の事前調整、Do段階の期中統制、See段階の事後統制の３種類があります。

#### ⑤動機づけ機能

　①計画機能、②伝達機能、③調整機能、④統制機能を通じて目標を達成するためには、予算管理システムのドライバー（駆動力）として動機づけ機能が重要になります。

## ❖BSCと予算管理システムを統合し組織を活性化する

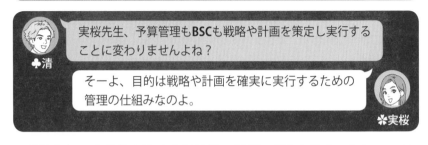

実桜先生、予算管理もBSCも戦略や計画を策定し実行する
ことに変わりませんよね？　　♣清

そーよ、目的は戦略や計画を確実に実行するための
管理の仕組みなのよ。　　❀実桜

　組織として中期的な戦略を年度別の計画に落とし込み、「Plan → Do
→ See」の管理サイクルを確実に回すためには、ＢＳＣと予算管理、目
標管理を統合化することです。これにより、予算や実施計画とパフォー
マンスドライバーの関係を測定し、管理する仕組みが構築できます。こ
の仕組みにより活性化した組織での予算管理システムが実現できます。

### 図表 ❾-⓱ ＢＳＣと予算管理システムの統合化

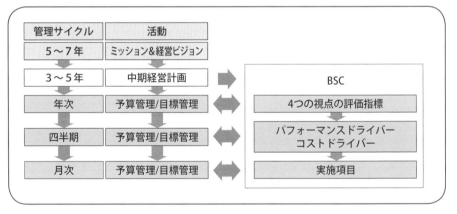

　さらに、予算管理と原価企画、標準原価管理、ＡＢＣ／ＡＢＭが統合
すれば、総原価を管理する仕組みが構築できます。

## ❖総原価を管理する仕組みとして管理会計を統合化する

　ＢＳＣと統合した予算管理システムで総原価を管理するには、原価企
画、標準原価管理、ＡＢＣ/ＡＢＭとの統合が必要になります。

すでに述べた原価企画、標準原価管理で製造原価における直接費を低減します。次に、間接費や販売費および一般管理費の活動別原価をＡＢＣにより計算し、活動内容をコア業務、支援業務、付随業務に３区分します。この区分により、日常業務は支援業務が多く、仕事の標準化が遅れていることがわかります。

　間接費の改善は、３区分の中で付加価値を生まない支援業務、付随業務を改善し、付加価値を生むコア業務の割合を増加させることで、付加価値を増大することにあります。それには、経営資源をコア業務に最適に配分することです。

> **ミニ知識**
>
> 　管理会計は**点**（個別）で導入するのではなく、**線**のように結びつけて導入することが大切です。各部門に必要な管理会計が結びつくことで会社の**収益性**は向上します。

## 図表 9-⑱ 総原価の管理施策

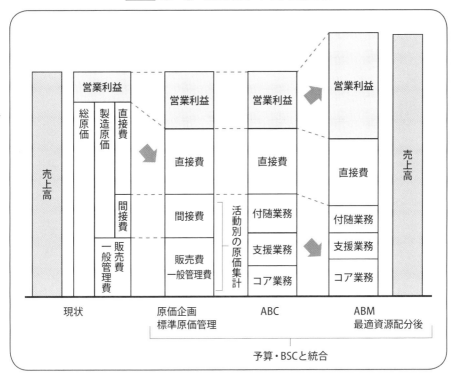

現状

原価企画
標準原価管理

ＡＢＣ

ＡＢＭ
最適資源配分後

予算・ＢＳＣと統合

会議室

この活動も開始して10か月が経過し、成果が出てきました。本日は、経営トップへの報告会を開催します。

それでは、各部門から成果報告をお願いします。まず、営業部門から始めます。

営業、技術、製造、オフィス部門などからの報告が1時間程続く

以上で各部門の報告を終了します。

途中活発なご意見をいただき、誠にありがとうございます。社長から一言お願いします。

みなさん、報告ありがとうございました。今、管理会計を導入してよかったと実感しています。

それは、会社の業績が向上しただけでなく、参加者のみなさんが生き生きしているからです。

会社として今後もこの活動を継続します。

実桜先生本当にありがとうございました。今後ともよろしくお願いいたします。

みなさま、ありがとうございました。今後は、みなさまが先生になって各部門で管理会計を続けてください。

私、先生になっちゃう、どうしよう。

ポン…

ふみさん、心配ないわ。あなたは管理会計のプロよ。後輩に直伝してね！

ダイジョーブ！

249

さくいん

# 参考文献

『図解＋設例で分かる経営分析のやり方・考え方』（岩崎勇、税務経理協会、2005年4月）

『平成27年度 調査中小企業実体基本調査に基づく中小企業の財務指標』（一般社団法人 中小企業診断協会編、同夕館、2017年5月）

『原価計算(六訂版)』（岡本清、国元書房、2000年）

『管理会計 第2版』（岡本清・廣本敏郎・尾畑裕・挽文子、中央経済社、2009年1月）

『トコトンやさしい原価管理の本』（大塚泰雄、日刊工業新聞社、2013年11月）

『実践原価企画』（小川正樹編著、税務経理協会、2001年7月）

『絵でわかる超入門原価計算―パッと見れば頭にスイスイ入る！』（小川正樹、すばる舎、2001年11月）

『絵でみる原価計算のしくみ（絵でみるシリーズ）』（小川正樹、日本能率協会マネジメントセンター、2008年2月）

『見える化でわかる原価計算―モノづくりの原価計算がサクサクわかる』（小川正樹、日刊工業新聞社、2010年3月）

『見える化でわかる開発段階の製品原価管理』（小川正樹、日刊工業新聞社、2010年11月）

『見える化でわかる原価情報システムの作り方と使い方』（小川正樹、日刊工業新聞社、2012年8月）

『必ずわかる原価計算のしくみと実務』（小川正樹、ナツメ社、2020年5月）

『バランスト・スコアーカード(改訂版)』（櫻井道晴、同分館出版、2008年3月）

『管理会計 第四版』（櫻井道晴、同分館出版、2009年4月）

『事例と演習で学ぶ経営分析入門』（島崎規子・沼中健、中央経済社、2009年3月）

『経済性工学の基礎』（千住鎮雄・伏見多美雄、日本能率協会マネジメントセンター、1987年6月）

『新版 経済性工学の基礎』（千住鎮雄・伏見多美雄、日本能率協会マネジメントセンター、2008年2月）

『原価・管理会計論』（西澤修、中央経済社、2007年4月）

『見える化でわかる売り値と買い値』（橋本賢一・大塚泰雄、日刊工業新聞社、2010年）

『技術者のための標準原価管理システム』（橋本賢一、日本能率協会マネジメントセンター、1991年4月）

『見える化でわかる間接・サービス部門の原価管理』（橋本賢一、日刊工業新聞社、2011年）

『見える化でわかる限界利益と付加価値』（橋本賢一、日刊工業新聞社、2011年）

『管理会計で未来の利益が増大する 実践 原価計算』（橋本賢一、日本能率協会マネジメントセンター、2018年）

『要説管理会計辞典』（本橋正美・林總・片岡洋人、清文社、2016年）

『管理会計論』（山本浩二他編著、中央経済社、2009年）

『日本的管理会計の探究』（吉田栄介・福島一矩・妹尾剛好、中央経済社、2012年6月）

●著者

**小川正樹**（おがわ まさき）

1955年、神奈川県横須賀市生まれ。㈱日本能率協会コンサルティングを経て、現在、㈱ME
マネジメントサービス代表取締役、マネジメントコンサルタント、技術士（経営工学）。
原価計算、原価管理、原価見積、原価企画などに関するシステムの立案、構築、実施やＶＥ・
ＩＥや品質工学などを通じて総合的コストダウンを展開し、企業の業績を改革するコンサ
ルティング業務が活動の中心である。

著書：『技術者のための見積原価計算』（共著）、『CIMハンドブック』（共訳）、『技術者のため
の原価企画』（共著）、『理想原価への挑戦』（共著）、『絵でみる原価計算のしくみ』、『図
解でわかる 高品質・低コスト生産のすべて』（以上、日本能率協会マネジメントセン
ター刊）、『実践原価企画』（編著者、税務経理協会刊）、『絵でわかる超入門原価計算』（す
ばる舎刊）、『よくわかるレイアウト改善の本』『よくわかる品質改善の本』『見える化で
わかる原価計算』『見える化でわかる開発段階の製品原価管理』『見える化でわかる原価
情報システム』『図解 すぐに使える 工場レイアウト改善の実務』（共著）（以上、日刊工
業新聞社刊）、『プロ直伝！ 必ずわかる原価計算のしくみと実務』（ナツメ社）

連絡先：〒143-0024　東京都大田区中央6-29-2
　　　　TEL(03)3755-5437　FAX(03)3755-8366
　　　　E-mail：ogawa@mejapan.com　http：//www.mejapan.com

本書に関するお問い合わせは、書名・発行日・該当ページを
明記の上、下記のいずれかの方法にてお送りください。
電話でのお問い合わせはお受けしておりません。
・ナツメ社webサイトの問い合わせフォーム
　https://www.natsume.co.jp/contact
・FAX（03-3291-1305）
・郵送（下記、ナツメ出版企画株式会社宛て）
なお、回答までに日にちをいただく場合があります。正誤のお問い合わせ以外の書籍内容
に関する解説・個別の相談は行っておりません。あらかじめご了承ください。

**ナツメ社Webサイト**
https://www.natsume.co.jp
書籍の最新情報（正誤情報を含む）は
ナツメ社Webサイトをご覧ください。

# プロ直伝！ 成功する管理会計の基本

2021年6月23日　初版発行

著　者　小川正樹　　　　　　　　　　　　　　ⓒ Ogawa Masaki, 2021

発行者　田村正隆

発行所　株式会社ナツメ社
　　　　東京都千代田区神田神保町1-52　ナツメ社ビル1F（〒101-0051）
　　　　電話　03(3291)1257（代表）　FAX　03(3291)5761
　　　　振替　00130-1-58661

制　作　ナツメ出版企画株式会社
　　　　東京都千代田区神田神保町1-52　ナツメ社ビル3F（〒101-0051）
　　　　電話　03(3295)3921（代表）

印刷所　ラン印刷社

ISBN978-4-8163-7037-3　　　　　　　　　　　　　Printed in Japan

〈定価はカバーに表示してあります〉〈落丁・乱丁本はお取り替えします〉